2016年、
確実に勝ち進む投資戦略

さらっと

短期売り抜け株、長期保有株の

がっちり

見抜き方

杉村富生

ビジネス社

◎まえがき

今、まさに「失われた25年」を取り戻す猛反騰相場が始まっています。ただ、２０１５年の日経平均株価は８月11日の２万９４６円が９月29日に１万６９０１円まで急落しました。この間の下落幅は４０４５円（下落率19・３％）に達します。

しかし、株式投資は常に、「波乱はチャンス！」なのです。そして、「パニックは政策の母！」といわれています。マーケットが動揺し、人々がパニックに陥るたびに、政策対応は強化されます。最後は政策総動員です。

危機はかならず克服されます。これが歴史の教訓です。ショック安を恐れることはありません。もちろん、ショック安に巻き込まれないために、リスク・マネジメントの徹底は必要です。小さな変化の予兆を見逃してはなりません。

したがって、あらゆるリスクについての常日頃のチェックは欠かせません。そうすること（キャッシュ・ポジションの調整）によって、大事を小事に抑制できます。

日経平均株価は、年初の１万７３２５円が４月22日に終値で２万円台を回復しました。しかし、２０１５年後半の株式市場は、世界的に大波乱となりました。７月にギリシャ危機が起き、さらにチャイナ・ショックが追い打ちをかけたのです。特に、8～9月は恐怖指数と呼ばれるＶＩＸ指数が50ポイント台に乗せるほどの厳しい下げになりました。

ファンダメンタルズ（経済の諸条件）が変化したわけではありません。なぜ、マーケットはこれほどまでに動揺したのでしょうか。

現状を正しく認識することはとても大切なことです。まず、マーケットはギリシャの財政危機↓緊縮財政を否定するチプラス政権に対するＥＵ（欧州連合）サイドの不信感↓ギリシャのユーロ離脱↓欧州発の金融恐慌に脅《おび》えました。まさに、最悪シナリオ（テール・リスク）の顕在化です。

しかし、実際は？　危機は回避されました。次は中国です。株価暴落（7月初旬に香港、上海、深圳《しんせん》市場の時価総額５００兆円近くが吹き飛ぶ）↓景気失速（ハードランディング）↓バブル崩壊↓中国発ブラックマンデーとはやし立て、外資系の投機筋が先物を売りたてきました。米系投信、オイルマネーの現物売りもありました。さらに、人民元の切り下げが不安を助長した面があります。

これまた、最悪シナリオです。売り方にとって、理由（売る材料）はどうでもいいのです。マーケットの動揺を誘う、これが目的です。まったくやり切れません。

彼らはハイ・フリークエンシー・トレーディング（超高速・高頻度取引）、アルゴリズム取引（コンピューターによる自動注文取引）を駆使します。何しろ、１秒間に２０００回もの取引（売買）を執行するのです。外国人は２０１５年６～９月に現物、先物を８兆円強売り越しました。一般の投資家はこの〝速さ〟と〝量〟についていけません。

それとカラ売りです。９月29日には何と、カラ売り比率が43・４％になりました。いかに貸し株を含むとはいえ、東証１部の売買代金の４割強がカラ売りというのは異常ではありませんか。

しかし、やはり危機は回避されました。今度はＰＥＲ（株価収益率）12倍台、ＰＢＲ（株価純資産倍率）1・2倍台、配当利回り１・９％台の水準まで売り込んだ売り方が、そのツケ（代償）を払う番ではないでしょうか。

実際、10月以降は猛反発に転じました。日経平均株価は一気に、約３０００円幅の急騰劇を演じています。

２０１６年の世界経済は、各国の政策対応の効果によって回復に向かうと考えています。当然、資源・エネルギー市況も底入れ、反発の動きとなりそうです。株式市場はこれを反映、堅調な展開が期待されます。

改めて述べるまでもありません。株式投資において、肝要なのは現状を正しく認識すること、およびトレンドの確認です。

そう、「続く流れに逆らうな、ついていくのが儲けの道！」なのです。前述したように２０１５年６～９月に、マーケットは〝大揺れ〟（総投げ状態）となりました。が、その後は戻りに転じています。

２０１２年末以来の〝潮流の変化〟を評価する猛反騰相場は、いよいよ佳境に入ったのです。このトレンドはまったく変わっていません。

もちろん、黒田日銀総裁による異次元の金融緩和は継続されます。それに、安いところをうまく、いかに勇気をふるって買えるかが株式投資の成否を決めます。株価の短期波乱に脅える必要はありません。

有望テーマ、関連する注目銘柄を事前にチェックし、安くなったところを機敏に買う姿勢が大切なのです。そのために本書は、２０１６年の有望テーマ、注目銘柄をピックアップし、短期売り抜けを狙う株、および長期で保有する株を取り上げました。投資戦術による銘柄選別です。

ともあれ、２０１６～２０１７年は「羊辛抱《ひつじしんぼう》」の２０１５年と異なり、「猿酉騒《さるとりさわ》ぐ！」にぎやかな年になりそうです。そして、２０１８年は「戌《いぬ》笑う」です。さあ、２０１６年以降の３年間、しっかり儲けようではありませんか。ぜひ、読者の皆様もこの絶好機を生かしていただければ幸いです。

さらっと短期売り抜け株、がっちり長期保有株の見抜き方――【目次】

《第1章》2015年相場に学ぶ投資のヒント

《第2章》

主要業種、主要銘柄はこう動く

《第4章》

2016年のリスク要因と日本再生相場のゆくえ

《第5章》
「短期・順張り」で儲ける銘柄 厳選10

《第6章》
「長期・逆張り」で儲ける銘柄 厳選10

●コラム

装丁◎大谷昌稔
本文デザイン・図版作成◎笹森　識
本文校正◎相良孝道
チャート提供◎ゴールデン・チャート社

《第1章》

2015年相場に学ぶ投資のヒント

順調な上値追い相場は夏以降、大波乱にインバウンド、マイナンバー関連などが人気化

◉東証1部では東京電力、エーザイ、日本電信電話が大活躍

この章では、まず2015年相場を振り返ってみたいと思います。なぜ、古い話を持ち出すのでしょうか。それは先を読むためには過去の振り返り、すなわち検証が絶対に必要だからです。

2016年相場を予測するうえで、2015年にはどのような銘柄が上昇し、または下落したのかを頭の片隅に入れておくことはとても大切なことです。過去の事実を検証することは、未来の相場の流れを読むために欠かすことができません。

2015年の日経平均株価は1万7325円で始まり、1月16日には1万6592円まで下落しました（下落率4・2％）。結局、これが安値となり、その後は上値追いの展開となりました。6月24日には2万952円まで買われ（年初からの上昇率20・9％）、11月25日時点ではこれが高値となっています。

その後、2015年相場は7月以降、ギリシャ財政危機、チャイナ・ショックに直撃さ

■日経平均株価の週足チャート

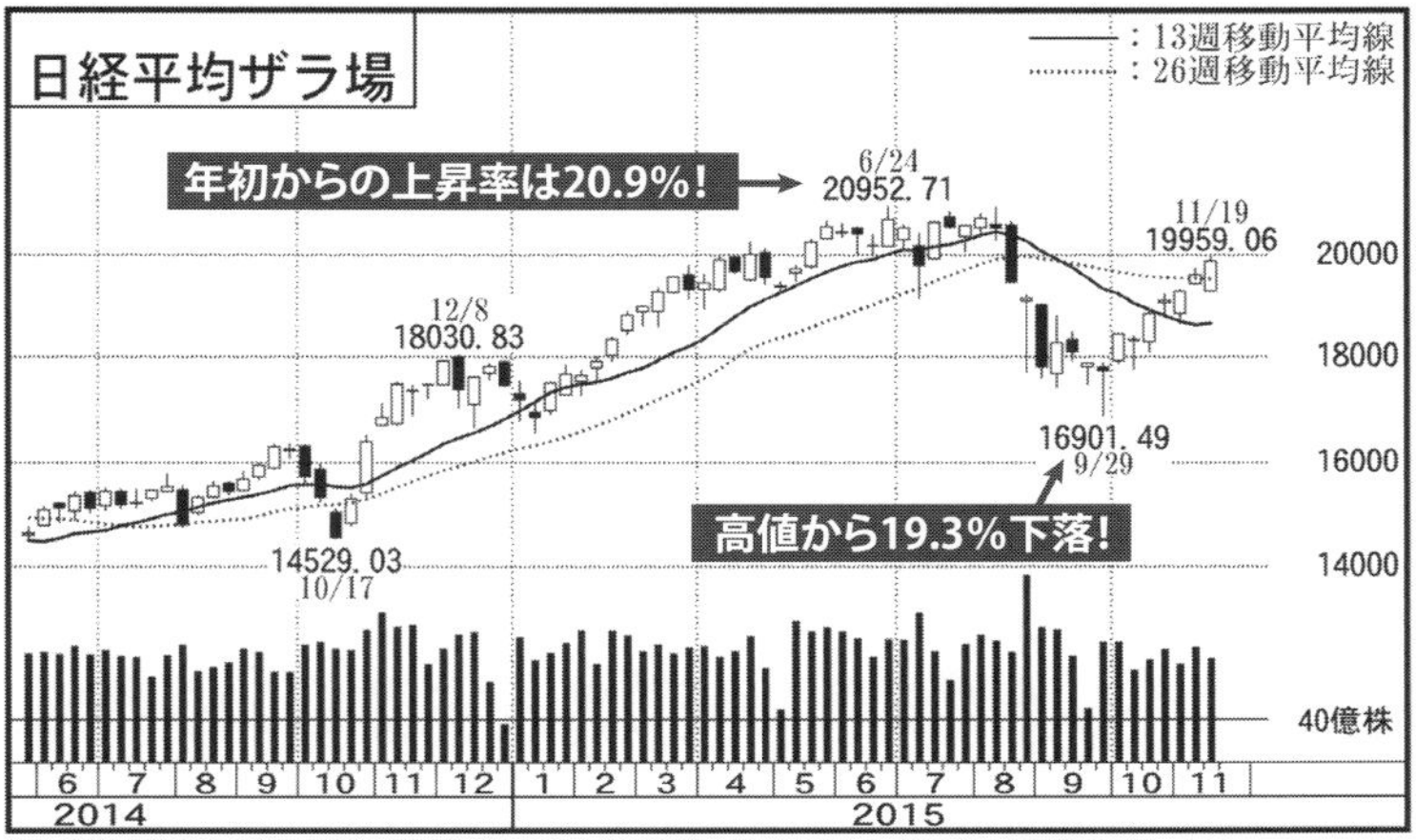

■エーザイ（4523）の週足チャート

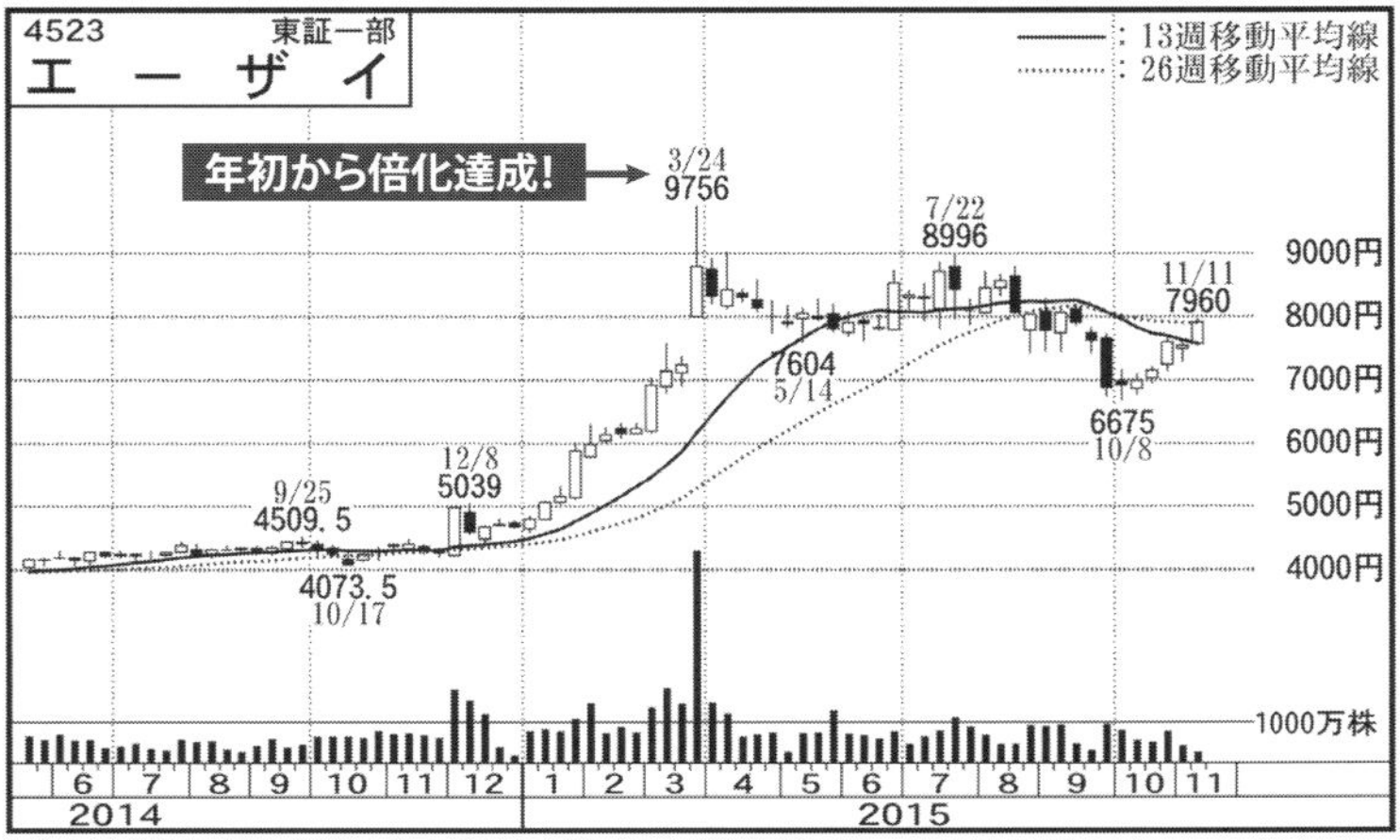

れました。さらに、ＦＲＢ（米連邦準備制度理事会）の利上げ接近を嫌気し、リスクオフの投資環境になったのです。新興国通貨が急落し、円は一時1ドル＝１１６円台になりました。しかし、その後は円安トレンドに戻っています。

これを受け、日経平均株価は8月26日の1万７７１４円→9月29日の1万６９０１円と大きく値を崩しましたが、落ち着きを取り戻した10月以降は、1万９０００円台を回復しています。

19ページ以降の表は売買代金上位銘柄の騰落率を東証1部、東証2部、東証マザーズ、ジャスダックの順に示したものです。なお、売買代金の順番は２０１５年10月9日時点のものに基づいています。

東証1部では直近ベース（２０１５年10月14日）で見てみると、第1位が**東京電力（９５０１）**となりました。年初の４９９円が８２５円（上昇率65・3％）となっています。第2位は**エーザイ（４５２３）**が上昇率47・2％（４６５０円→６８４６円）、第3位は**日本電信電話（ＮＴＴ＝９４３２）**が上昇率36・4％（３０７７円→４１９６円）、第4位は**ソニー（６７５８）**が上昇率26・6％（２４７１・5円→３１２９円）となっています。

10月以降、ソニーが切り返し、東京電力などが大幅高になった背景にはロング＆ショート戦略（割安銘柄を買い、割高銘柄をカラ売りする投資手法）の巻き返しに加え、カラ売

■ 2015年売買代金上位銘柄の騰落率（東証1部 — その1）

順位	コード	銘柄	始値（円）	高値（円）	直近値（円）	騰落率（%）
1	9983	ファーストリテイリング	43,580.0	61,970.0(7/30)	42,730.0	▲2.0
2	7203	トヨタ自動車	7,565.0	8,783.0(3/24)	7,188.0	▲5.0
3	9984	ソフトバンクグループ	7,184.0	7,827.0 (4/23)	6,199.0	▲13.7
4	8306	三菱UFJフィナンシャルG	658.4	936.8(6/1)	732.8	11.3
5	8411	みずほフィナンシャルG	202.0	280.4(6/1)	229.9	13.8
6	6954	ファナック	19,750.0	28,575.0(4/28)	19,395.0	▲1.8
7	7261	マツダ	2,909.0	2,910.0(1/5)	2,282.5	▲21.5
8	9433	KDDI	2,516.7	3,375.0(8/11)	2,605.5	3.5
9	3382	セブン&アイ・HD	4,330.0	5,998.0(8/6)	5,375.0	24.1 ⑤
10	2914	JT	3,288.5	4,848.0(8/3)	3,956.0	20.3 ⑥
11	8316	三井住友フィナンシャルG	4,335.0	5,770.0(8/11)	4,601.0	6.1
12	6758	ソニー	2,471.5	3,970.0(5/19)	3,129.0	26.6 ④
13	9201	日本航空	3,620.0	4,940.0(8/4)	4,245.0	17.3 ⑧
14	7270	富士重工業	4,297.5	4,827.5(5/28)	4,343.0	1.1
15	6502	東芝	515.9	535.0(3/25)	329.3	▲36.2
16	9501	東京電力	499.0	939.0(8/3)	825.0	65.3 ①
17	6367	ダイキン工業	7,774.0	9,758.0(5/28)	7,424.0	▲4.5
18	7267	ホンダ	3,529.0	4,499.0(8/6)	3,800.0	7.7
19	4503	アステラス製薬	1,673.5	2,047.0(3/6)	1,555.5	▲7.1
20	6981	村田製作所	13,185.0	22,220.0(7/2)	15,020.0	13.9 ⑩

［注］（　　）は高値日。直近株価は2015年10月14日終値。○数字は上昇率順位

り（貸し株を含む）の買い戻しがあったと思われます。

第5位の**セブン&アイ・ホールディングス（3382）**＝上昇率24・1％は、インバウンド（訪日外国人客）関連ですが、米系のアクティブファンドの買いが入っています。アクティブファンドは、株価指数などのベンチマークを上回る積極的な運用を目指します。

第6位は**JT（2914）**＝上昇率20・3％、第7位は**NTTドコモ（9437）**＝上昇率19・3％です。JT、NTTドコモは、第3位の日本電信電話とともに安定性が評価されたのでしょう。

以下、第8位が**日本航空（9201）**＝上昇率17・3％、第9位が**日東電工（6988）**＝上昇率14・5％、第10位が**村田製作所（6981）**＝上昇率13・9％となりました。

ザラバベースでの上昇率第1位はエーザイで、始値4650円が3月24日に9756円まで買われました（上昇率109・8％）。実に、倍以上の値上がりです。これは新薬開発が評価されたものです。

同じくザラバベースの第2位は東京電力で8月3日に高値939円（上昇率88・2％）、第3位は村田製作所で7月2日に高値2万2220円（上昇率68・5％）まで買われています。第4位は日本電信電話、第5位がNTTドコモです。

以下、第6位ソニー、第7位日東電工、第8位JT、第9位**ファナック（6954）**、

■ 2015年売買代金上位銘柄の騰落率（東証1部 — その2）

順位	コード	銘柄	始値（円）	高値（円）	直近値（円）	騰落率（%）
21	7201	日産自動車	1,056.0	1,350.0(6/3)	1,186.0	12.3
22	6902	デンソー	5,607.0	6,548.0(5/28)	5,387.0	▲3.9
23	6501	日立製作所	900.6	922.9(1/27)	666.3	▲26.0
24	8058	三菱商事	2,190.0	2,837.0(6/3)	2,160.5	▲1.3
25	6971	京セラ	5,518.0	7,207.0(4/23)	5,661.0	2.6
26	9437	NTTドコモ	1,760.0	2,873.5(8/11)	2,099.0	19.3 ⑦
27	4523	エーザイ	4,650.0	9,756.0(3/24)	6,846.0	47.2 ②
28	5108	ブリヂストン	4,169.0	5,182.0(5/29)	4,143.0	▲0.6
29	9432	日本電信電話	3,077.0	5,066.0(8/6)	4,196.0	36.4 ③
30	6988	日東電工	6,711.0	10,435.0(7/21)	7,685.0	14.5 ⑨
31	8031	三井物産	1,610.0	1,759.0(5/29)	1,468.0	▲8.8
32	8035	東京エレクトロン	9,071.0	9,313.0(3/3)	6,238.0	▲31.2
33	4502	武田薬品工業	4,983.5	6,657.0(3/6)	5,427.0	8.9
34	6301	コマツ	2,669.0	2,686.0(1/5)	1,901.0	▲28.8
35	5401	新日鐵住金	2,981.0	3,505.0(6/3)	2,377.5	▲20.2
36	8802	三菱地所	2,535.0	2,975.0(3/19)	2,545.0	0.4
37	8604	野村HD	684.2	909.2(7/21)	717.5	4.9
38	6594	日本電産	8,000.0	11,415.0(8/3)	8,232.0	2.9
39	7751	キヤノン	3,825.0	4,539.0(4/13)	3,648.0	▲4.6
40	6752	パナソニック	1,428.5	1,853.5(5/28)	1,298.0	▲9.1

［注］（　　）は高値日。直近株価は2015年10月14日終値。○数字は上昇率順位

第10位**日本電産（6594）**という結果です。

◉東芝、東京エレクトロン、コマツは大きく値を下げる

一方、直近ベースで値下がりした銘柄を見てみると、第1位が**東芝（6502）**＝下落率36・2％、第2位が**東京エレクトロン（8035）**＝下落率31・2％、第3位が**コマツ（6301）**＝28・8％、以下、**日立製作所（6501）**＝下落率26・0％、**マツダ（7261）**＝21・5％となりました。東芝以外は世界景気の減速を嫌気したものでしょう。ただ、日立製作所は東芝ショックの余波があったのかもしれません。

東芝は〝不祥事〟です。不適切会計が発覚した同社株は9月29日に291・9円まで売られました。これは年初の515・9円に対し、43・4％値下がりしたことになります。

中国進出を加速化させている**ファーストリテイリング（9983）**は7月30日に6万1970円（上昇率42・2％）まで買われたあと急落しました。ザラバベースで上昇率第9位の**ファナック（6954）**も、日経平均株価が高値を更新する2カ月ほど前の4月28日に天井を打ち（高値2万8575円＝上昇率44・7％）、その後の動きはさえません。

気にかかるのは東京エレクトロンとマツダです。東京エレクトロンの高値は3月3日に

つけた９３１３円（上昇率２・７％）でした。

マツダの高値は大発会の１月５日につけた２９１０円で、これは始値の１円高にすぎません。その後の同社株は日経平均株価に逆行する形で下げトレンドが続き、９月29日には１７５９円（下落率39・５％）まで売られました。もっとも、これは売られすぎです。10月以降は反発に転じています。

輸出関連セクターとともに、**三井物産（８０３１）**、**三菱商事（８０５８）**など資源関連セクターの動きがさえなかったのも２０１５年相場の特徴といえるでしょう。やはり、資源・エネルギー価格の下落が響いています。もちろん、商社セクターは配当利回りが３～４％あり、いずれ株価は見直されるのではないでしょうか。

◉東証２部ではヨネックス、阿波製紙、象印マホービンが急騰

直近ベースでの値上がり率第１位は**ヨネックス（７９０６）**です。年初の１３０２円が２９４８円となっています（上昇率１２６・４％）。同社は世界的なブランドを背景に、増収増益が続いています。

第２位は**阿波製紙（３８９６）**です。年初の３４１円が７１２円と、これも倍以上の値上がりです（上昇率１０８・８％）。四国の徳島に本社を置く特殊紙の会社で、同社も業績

■ 2015年売買代金上位銘柄の騰落率(東証2部)

順位	コード	銘柄	始値(円)	高値(円)	直近値(円)	騰落率(%)
1	8202	ラオックス	260.0	564.0(7/24)	351.0	35.0 ⑨
2	7747	アサヒインテック	2,940.0	4,990.0(8/18)	4,335.0	47.4 ⑦
3	7965	象印マホービン	764.0	2,080.0(6/23)	1,550.0	102.9 ③
4	6289	技研製作所	2,167.0	2,363.0(4/6)	1,712.0	▲21.0
5	2780	コメ兵	3,555.0	4,090.0(6/12)	2,348.0	▲34.0
6	7412	アトム	785.0	928.0(1/9)	636.0	▲19.0
7	6495	宮入バルブ製作所	108.0	502.0(1/20)	192.0	77.8 ④
8	8892	日本エスコン	189.0	316.0(8/18)	285.0	50.8 ⑥
9	3663	アートスパークスHD	646.0	1,350.0(2/23)	860.0	33.1 ⑩
10	3896	阿波製紙	341.0	1,318.0(7/7)	712.0	108.8 ②
11	2397	DNAチップ研究所	802.0	1,000.0(3/11)	666.0	▲17.0
12	7287	日本精機	2,708.0	2,864.0(6/2)	2,492.0	▲8.0
13	3113	Oak キャピタル	345.0	413.0(2/19)	253.0	▲26.7
14	7906	ヨネックス	1,302.0	3,655.0(8/31)	2,948.0	126.4 ①
15	8508	Jトラスト	1,048.0	1,335.0(5/26)	1,011.0	▲3.5
16	4224	ロンシール工業	143.0	198.0(4/24)	149.0	4.2
17	2132	アイレップ	333.0	358.0(1/20)	252.0	▲24.3
18	4366	ダイトーケミックス	244.0	374.0(7/30)	334.0	36.9 ⑧
19	2412	ベネフィット・ワン	1,298.0	3,080.0(7/31)	2,033.0	56.6 ⑤
20	8226	理経	200.0	347.0(7/14)	195.0	▲2.5

[注](　)は高値日。直近株価は2015年10月14日終値。○数字は上昇率順位

■阿波製紙（3896）の週足チャート

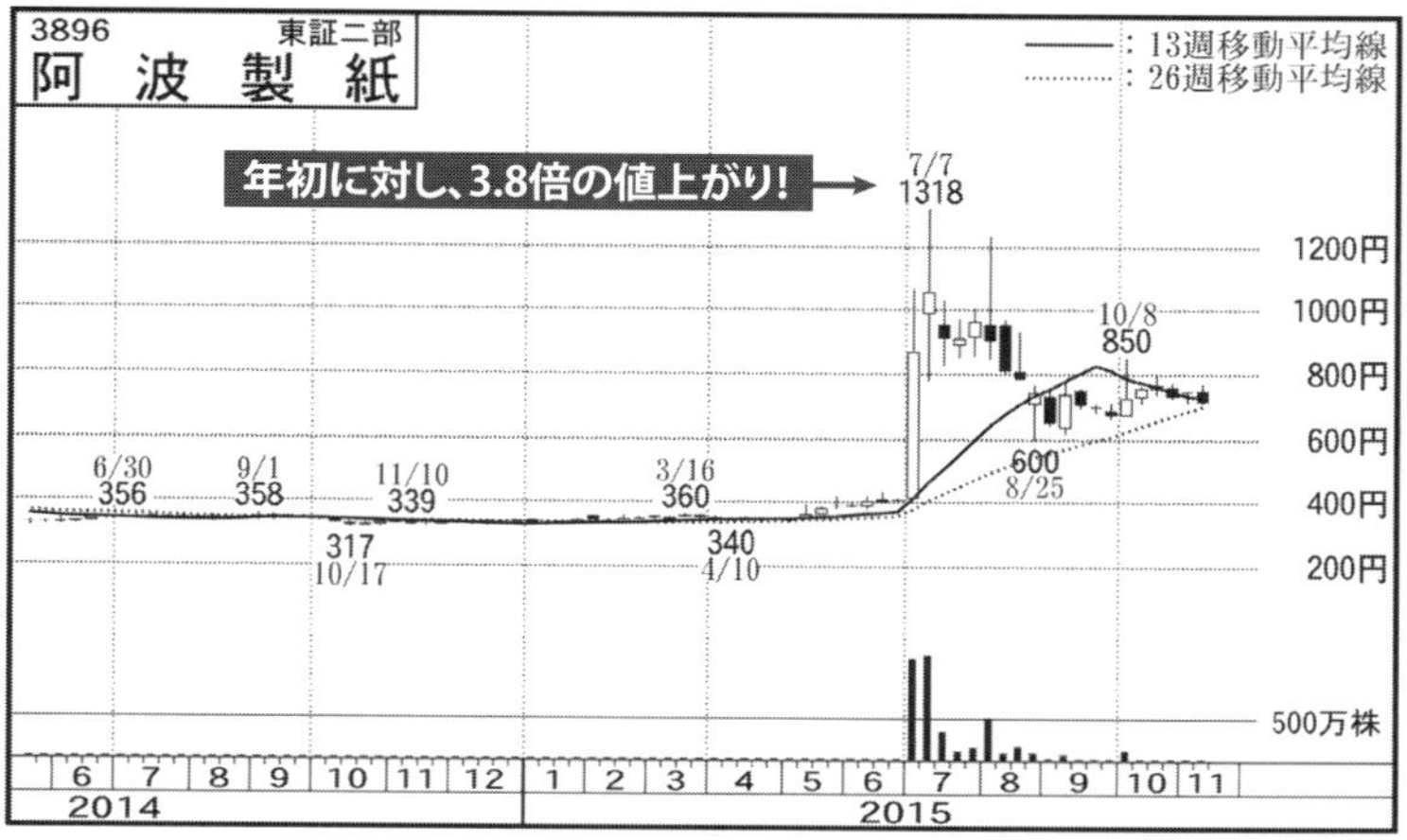

堅調です。

以下、第3位が**象印マホービン（7965）**＝上昇率102・9%、第4位**宮入バルブ製作所（6495）**＝上昇率77・8%、第5位**ベネフィット・ワン（2412）**＝上昇率56・6%、第6位**日本エスコン（8892）**＝上昇率50・8%となっています。

年間を通じて見ると、インバウンド関連の主力である**ラオックス（8202）**、象印マホービンが堅調でした。ただ、年後半は同じインバウンド関連の**コメ兵（2780）**が急落するなど、このセクターは利食い売りに押されました。しかし、このセクターの相場は終わっていません。

直近ベースでの値上がり率第10位に**アートスパークスホールディングス（3663）**が入っています。同社株は話題の自動運転関連で、新興市場の花形銘柄といえるでしょう。年初の646円が2月23日には1350円まで買われ（上昇率109・0％）、直近ベースでも860円（上昇率33・1％）と値を保っています。

直近ベースの値上がり率第2位の阿波製紙、同7位の**アサヒインテック（7747）**は新技術の開発、同6位の日本エスコンは不動産業界の活況を反映したものです。

反対に直近ベースで値下がりした銘柄は、第1位が先述のコメ兵（下落率34・0％）、第2位が**Oak キャピタル（3113）**＝下落率26・7％でした。同社株は2014年に年初の133円が9月9日に459円と急騰した反動に加え、貸し株による売りたたきがありました。カラ売りデータの検索サイト「空売りネット」によると、外資が大量に売ったことが分かります。

以下、第3位が**アイレップ（2132）**＝下落率24・3％、第4位が**技研製作所（6289）**＝下落率21・0％、第5位が**アトム（7412）**＝下落率19・0％と続きます。

◉東証マザーズではダブル・スコープ、モルフォが上位人気

東証マザーズでは、直近ベースの第1位が**ダブル・スコープ（6619）**となりました。年初の705円が2407円となり、上昇率241・4％です。第2位が**モルフォ（3653）**で上昇率122・8％です。

■ 2015年売買代金上位銘柄の騰落率(東証マザーズ)

順位	コード	銘柄	始値(円)	高値(円)	直近値(円)	騰落率(%)
1	3692	FFRI	6,330.0	18,500.0(7/23)	9,230.0	45.8 ⑧
2	3653	モルフォ	1,853.3	7,570.0(6/3)	4,130.0	122.8 ②
3	2342	トランスジェニック	429.0	1,404.0(6/30)	834.0	94.4 ④
4	2121	ミクシィ	4,510.0	6,670.0(6/24)	4,345.0	▲3.7
5	3021	パシフィックネット	526.0	1,249.0(10/9)	970.0	84.4 ⑥
6	2929	ファーマフーズ	567.5	1,075.0(1/20)	491.0	▲13.5
7	4565	そーせいグループ	4,370.0	8,780.0(6/19)	3,815.0	▲12.7
8	2158	UBIC	818.0	1,262.0 (2/3)	830.0	1.5
9	2438	アスカネット	2,420.0	3,430.0(4/21)	2,057.0	▲15.0
10	3697	SHIFT	985.0	1,712.0(1/15)	1,047.0	6.3 ⑩
11	6619	ダブル・スコープ	705.0	2,495.0(10/5)	2,407.0	241.4 ①
12	3742	ITbook	459.0	2,125.0(6/2)	918.0	100.0 ③
13	2492	インフォマート	1,136.0	1,690.0(7/1)	1,134.0	▲0.2
14	6094	フリークアウト	3,245.0	3,330.0(4/20)	1,323.0	▲59.2
15	4974	タカラバイオ	1,468.0	1,470.0(4/14)	1,243.0	▲15.3
16	7779	CYBERDYNE	1,567.5	1,707.5(4/14)	1,372.0	▲12.5
17	3678	メディアドゥ	2,151.0	2,245.0(2/18)	1,400.0	▲34.9
18	4587	ペプチドリーム	2,637.5	3,730.0(6/25)	3,170.0	20.2 ⑨
19	4813	ACCESS	508.0	1,521.0(5/11)	788.0	55.1 ⑦
20	6030	アドベンチャー	3,850.0	10,340.0(7/1)	7,390.0	91.9 ⑤

[注]( )は高値日。直近株価は2015年10月14日終値。○数字は上昇率順位

■ITbook（3742）の週足チャート

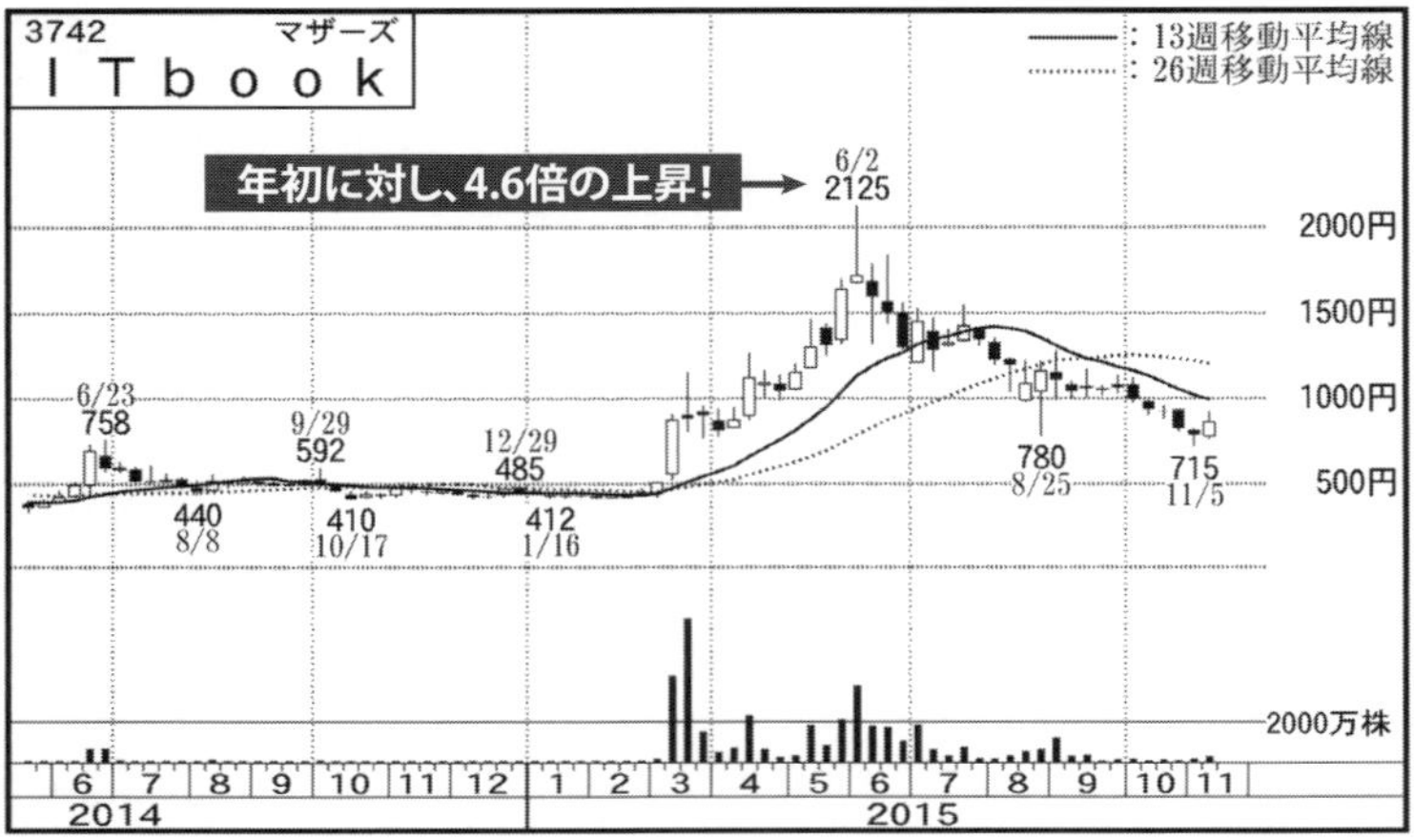

第3位は**ＩＴｂｏｏｋ（３７４２）**で上昇率１００・０％、ちょうど2倍になりました。ザラバベースでは、年初に対し4倍以上上昇しています（４５９円→２１２５円）。

第4位は**トランスジェニック（２３４２）**＝上昇率94・4％、第5位が**アドベンチャー（６０３０）**＝上昇率91・9％、第6位が**パシフィックネット（３０２１）**＝上昇率84・4％、第7位が**ＡＣＣＥＳＳ（４８１３）**＝上昇率55・1％です。

以下、第8位**ＦＦＲＩ（３６９２）**、第9位**ペプチドリーム（４５８７）**、第10位**ＳＨＩＦＴ（３６８７）**と続いています。

ダブル・スコープ、モルフォ、ＡＣＣＥＳＳは自動車関連（自動運転・電気自動車）です。トランスジェニック、ペプチドリームなどバイオセクターは人気が持続しています。ＦＦＲＩはＩＴｂｏｏｋ同様、情報セキュリティ関連（マイナンバー）です。

一方、直近ベースで値下がりした銘柄は、第1位が**フリークアウト（６０９４）**＝下落率59・2％、第2位が**メディアドゥ（３６７８）**＝下落率34・9％、第3位が**タカラバイオ（４９７４）**＝下落率15・3％、第4位が**アスカネット（２４３８）**＝下落率15・0％、第5位が**ファーマフーズ（２９２９）**＝下落率13・5％となっています。

前年に急騰した銘柄は翌年には下がるものです。特に最近の新興市場では、2年、3年と急騰を続けるのは難しいですね。下落率上位のフリークアウト、メディアドゥが好例です。しかし、下がれば反発します。当然です。

◉ジャスダックでは日本コンピュータ・ダイナミクスが13倍超の大化け

最後に、ジャスダック銘柄を見てみましょう。直近ベースの第1位は**日本コンピュータ・ダイナミクス（４７８３）**となりました。上昇率482・1％です。しかも、始値308円が6月25日には4280円まで買われています。何と、14倍近く値上がりしたことになります。テンバーガー（10倍株）を超えました。

第2位は**フューチャーベンチャーキャピタル（８４６２）**＝上昇率208・1％、第3

■ 2015年売買代金上位銘柄の騰落率（ジャスダック）

順位	コード	銘柄	始値(円)	高値(円)	直近値(円)	騰落率(%)
1	4347	ブロードメディア	273.0	296.0(1/8)	120.0	▲56.0
2	4667	アイサンテクノロジー	2,500.0	3,880.0(1/14)	2,445.0	▲2.2
3	2138	クルーズ	1,944.0	5,790.0(7/21)	3,190.0	64.1 ⑦
4	4783	日本コンピュータ・ダイナミクス	308.0	4280.0(6/25)	1,793.0	482.1 ①
5	6736	サン電子	1,870.0	2,250.0(1/20)	788.0	▲57.9
6	4572	カルナバイオサイエンス	747.0	6,030.0(7/23)	2,212.0	196.1 ③
7	4080	田中化学研究所	423.0	1,890.0(9/9)	1,057.0	149.9 ④
8	4814	ネクストウェア	202.0	309.0(2/25)	209.0	3.5
9	4644	イマジニア	764.0	2,620.0(5/25)	1,255.0	64.3 ⑥
10	2901	石垣食品	195.0	337.0(7/22)	215.0	10.3
11	4293	セプテーニ・HD	1,163.0	2,280.0(10/6)	2,209.0	89.9 ⑤
12	2702	日本マクドナルドHD	2,621.0	2,748.0(10/6)	2,665.0	1.7
13	4317	レイ	205.0	369.0(2/19)	283.0	38.0
14	6636	SOL Holdings	317.0	909.0(3/5)	346.0	9.1
15	4849	エン・ジャパン	1,918.0	3,600.0(10/6)	3,070.0	60.1 ⑧
16	2666	オートウェーブ	81.0	284.0(6/2)	123.0	51.9 ⑨
17	2337	いちごグループHD	252.0	363.0(4/27)	313.0	24.2
18	2400	メッセージ	3,305.0	4,545.0(8/17)	2,715.0	▲17.9
19	8462	フューチャーベンチャーキャピタル	186.0	1,549.0(3/4)	573.0	208.1 ②
20	2321	ソフトフロント	271.0	522.0(9/10)	394.0	45.4 ⑩

［注］（　）は高値日。直近株価は2015年10月14日終値。○数字は上昇率順位

位が**カルナバイオサイエンス（4572）**＝上昇率196・1％となっています。第4位は**田中化学研究所（4080）**＝上昇率149・9％、第5位**セプテーニ・ホールディングス（4293）**＝上昇率89・9％、第6位**イマジニア（4644）**＝上昇率64・3％です。

以下、第7位**クルーズ（2138）**、第8位**エン・ジャパン（4849）**、第9位**オートウェーブ（2666）**、第10位**ソフトフロント（2321）**という順番です。

日本コンピュータ・ダイナミクス、カルナバイオサイエンスは新技術・新製品の開発を評価したものです。田中化学研究所も、リチウムイオン電池用正極材の開発をきっかけに人気化しました。

フューチャーベンチャーキャピタルは資産運用ビジネス、ネット広告のセプテーニ・ホールディングス、モバイルコンテンツのイマジニアは好業績を評価したものです。

値下がりした銘柄としては、直近ベースで**サン電子（6736）**＝下落率57・9％、**ブロードメディア（4347）**＝下落率56・0％、**メッセージ（2400）**＝下落率17・9％が目立ちます。

サン電子、ブロードメディアは業績の下方修正、メッセージは介護施設でのトラブルを嫌気したものです。このトラブルはいけません。

COLUMN

コラム……1

歴史上の相場巧者はバーゲンハンター！

歴史上の相場巧者として名を残すジョセフ・ケネディ、ジョン・トンプソン、ピーター・リンチ。この3氏に共通するのはバーゲンハンターだったこと。みんながギョッとし、背中が「ゾクゾク」とするような恐怖の局面を勇気を奮って買った人たちです。

そう、投資の世界で肝要なのは「リスクを取る（安いところを買う）勇気！」といわれています。ジョセフ・ケネディは1929年10月の「暗黒の木曜日」の直前、持ち株をすべて処分しました。そして、ルーズベルトが大統領に就任し、ニューディール政策を断行すると同時に、ドン安値の株式を買いまくったのです。

みずほフィナンシャルグループ（8411）は、2015年9月29日に215.7円の安値まで売り込まれました。この水準のPERは8.5倍、PBRは0.67倍にすぎません。配当利回りは3.5%になります。これが預・貯金より有利なのは明白です。

現在、みずほ銀行の普通預金金利は0.02%。100万円を預けたとすると、利息はわずか年間200円（手取り160円）です。仮に、この100万円でみずほ株に投資したらどうなるでしょうか。9月29日の水準だと4,600株買えます。年間配当は34,500円（手取り27,600円）になります。160円対27,600円。173倍です。直近の株価は260円がらみまで上昇していますが、これでも配当利回りは2.9%です。ここでの投資は売買（値上がり）益と配当の両方が狙えます。

浮き沈みが激しかった2015年相場テーマ銘柄の強さは2016年も継続する

◉急騰した銘柄の投資は短期・順張りに限定する

ここからは、2015年相場の特徴とポイントを検証してみたいと思います。銘柄ごとに、上がるには理由があり、下がるにはこれまた理由があるのです。過去の相場を冷静に振り返ることは、新しい年の相場で大きく儲けるために不可欠です。ここには「投資のヒント」がたくさん隠されています。

まず第1は、「急騰した銘柄は好材料に反応しなくなる」ということです。つまり、材料出尽くしのパターンです。

具体例としては**日本通信（9424）**があります。同社は携帯会社の通信網を使って通信サービスを提供する企業のパイオニアです。株価は2013年2月の47円が2014年7月に1268円まで急騰し続けました。実に、27倍もの大化けです。

しかし、2015年に入ると、年初の557円が3月6日に637円まで上伸したものの、その後は一貫して下げ続けました。日経平均株価が年初来高値を更新した6月24日も

2015年相場が教える特徴とポイント

① 急騰した銘柄は好材料に反応しなくなる

➡材料出尽くし。数年先までの業績を織り込む。

② 逆に、急落した銘柄は打たれ強くなる

➡悪材料出尽くし。カラ売りの買戻し、再建計画の策定など不祥事を起こした銘柄でも反発する。

③ インバウンド、マイナンバー、自動運転などテーマ銘柄は強い

➡材料がマスコミをにぎわし、株価を刺激する。IR(投資家向け広報)も活発化。

④ 外国人の投資戦略

➡ロング&ショート戦略(異なる銘柄の買いと売りを組み合わせる投資手法)。2015年前半は食品、薬品、化粧品・トイレタリー関連セクター買い(ロング)の輸出関連セクター売り(ショート)。

⑤ 機関投資家はパッシブ運用の手法をスマート・ベータにシフト

➡ひと握りの銘柄を執拗に買い進む。

434円で引け、8月25日には252円まで下落しました。「メッキがはげてしまった」(市場筋)のでしょうか。

この間、米国企業との提携、2016年3月期の増収増益見通しなども報道されましたが、株価上伸にはまったくつながりませんでした。やはり、急騰した翌年は怖いですね。

同じことは、**日本マイクロニクス(6871)**にもあてはまります。同社株は2013年9月の

■日本通信（9424）の週足チャート

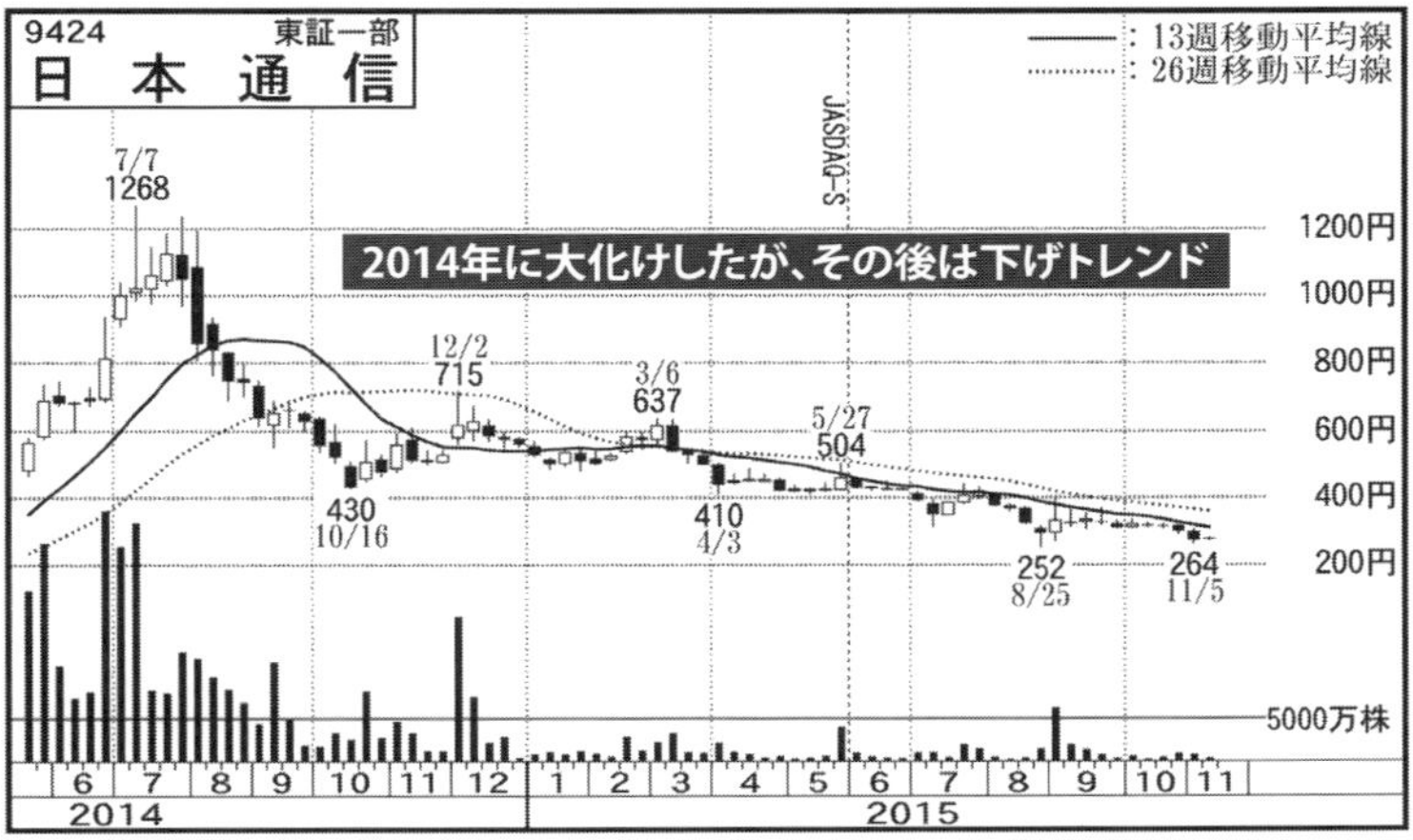

２０５・５円が２０１４年２月に６９３５円になりました。何と、33倍を超える大化けです。

ところが、２０１５年は年初の１７２７・５円が８月25日に９３９円まで売られました。この間の下落率は45・６％に達します。同社の２０１５年９月期は業績好調を受け大幅増配（記念配含む）が発表されましたが、株価は下げ止まりませんでした。そう、株価は上がれば下がる――のです。

好材料が出て〝異常高〟を示現した銘柄は数年先までの業績を織り込みます。その後いくらよい材料が出ても株価はまったく反応しなくなるのです。反応しなくなるどころか、株価は見切り売り、失望売りが続いて下げ続けることになります。

このような観点からいうと、２０１５年に急騰した銘柄を２０１６年に深追いするのは危険です。ただ、時流に乗った有望テーマ株、好業績を背景にした配当成長力のあるような銘柄については、押し目をじっくり買うことで大きな成果をあげられる場合があります。要は、さらに買える裏付けがあるかどうかです。

◉急落した銘柄には長期・逆張り姿勢で臨む

急騰した銘柄とは逆に、急落した銘柄は打たれ強くなります。悪材料出尽くしです。急落銘柄は不祥事を起こしたり、業績が想定外に悪化した場合がほとんどです。そのため、マスコミ報道の恰好のネタになります。

悪い材料が連日、これでもかという具合に伝えられるのです。そのつど、株価は一段安となりますが、徐々に株価は下げ渋ってきます。やがて、どのような報道がなされても前の安値を下回らなくなります。

そのうち、再建計画の策定などが発表されます。そうなると、売りで儲けてきた売り方がカラ売りの買い戻しを始めます。どんな不祥事を起こした銘柄でも反発するのは、売り方の「自作自演」があるためです。

東京電力（9501）は2014年10月16日に318円まで値下がりしましたが、2015年は18ページでも触れたとおり、年初の499円が8月3日に939円まで値上がりしました。原油安、九州電力での原発再稼働といった好材料に加え、需給面では6月

■東京電力（9501）の週足チャート

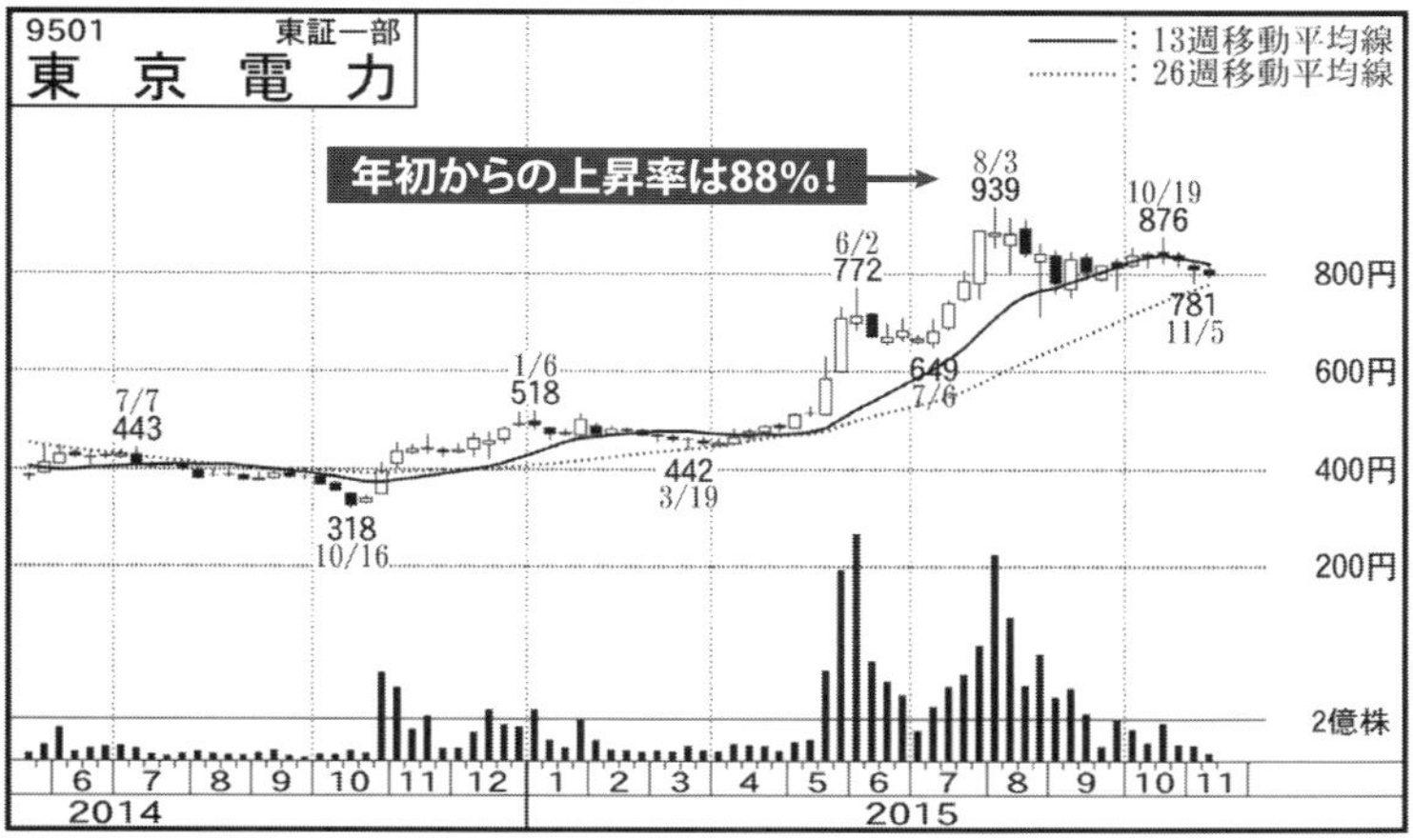

10日に信用の取組み倍率が1・5倍台に低下、その後の株高要因となったのです。

通常、悪材料が出ると保有株をいち早く現金化しようとする売りが出て、株価は急落します。これに下げで儲けようとする売り方のカラ売りが加わり、一段安となります。こうなると買い方は恐怖感がつのり、信用取引の場合は追証（証拠金不足）に迫られて見切り売りを余儀なくされます。

こうして、株価は下げを加速化させます。まさに、売りが売りを呼ぶ展開です。このようなケースでは、PER（株価収益率）、あるいはPBR（株価純資産倍率）がいくら割安になっても株安を食い止めることはできません。投資家心理と需給関係が優先するのです。

しかし、時間の経過とともに株価は下げ渋り、いくら新聞・テレビ等で悪材料の追い打ち報道が伝えられても反応しなくなります。

その意味で、2015年に株価が低迷した**日立製作所（6501）**、**東京エレクトロン（8035）**、**マツダ（7261）**、**ソフトバンクグループ（9984）**、**日本プラスト（7291）**などの巻き返しが期待されます。

ただ、不祥事が明らかとなった**東芝（6502）**、**旭化成（3407）**、**三井住友建設（1821）**などは、悪材料出尽くしとなるまで、本格的な株価回復にかなり時間を要するでしょう。日柄整理が必要です。

◉人気テーマ株の値動きは指数を大きく上回る

次に、改めて感じたことはテーマ銘柄の強さです。材料がマスコミをにぎわし、株価を刺激するのです。株価が動けば、IR（投資家向け広報）も活発化します。

2015年はインバウンド、マイナンバーなどの関連株が人気化しました。この流れは2016年も継続するでしょう。

インバウンドの主力銘柄の1つ、**資生堂（4911）**は年初の1675円が8月11日に3327・5円まで値上がりしました。この間の上昇率は98・7％に達します。ほぼ倍化です。直近（2015年11月9日終値）ベースでも、63・6％の上昇です。

■テーマ銘柄と日経平均株価の推移比較

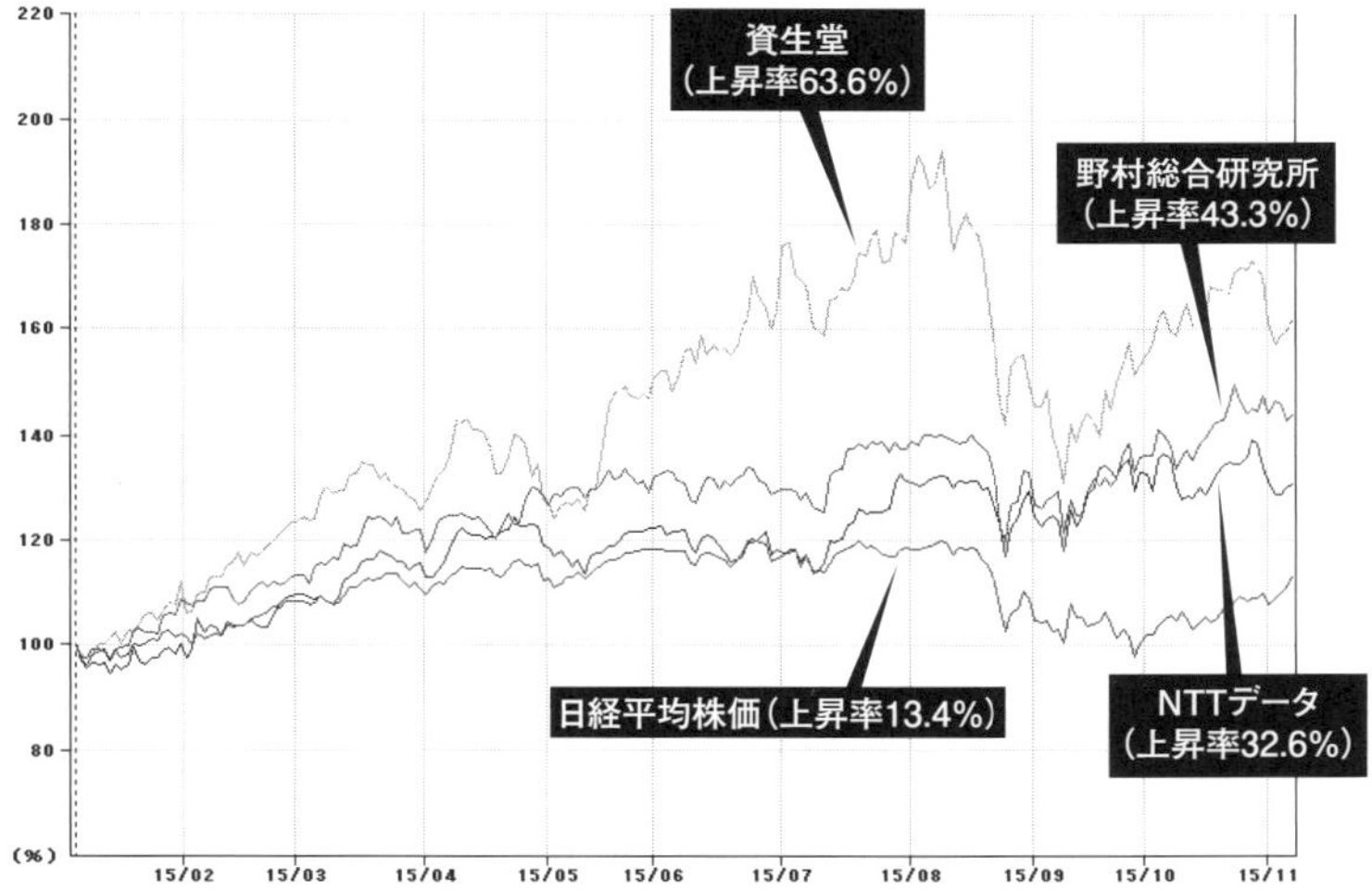

[注]2015年1月5日を100として比較(2015年11月9日まで)

その後、チャイナ・ショックの影響を受け、9月8日に2213円まで値下がりしました。しかし、10月19日には2896円まで30%以上戻しています。高額化粧品が好調といわれています。2015年4~9月期の業績予想を上方修正しました。中国では、人気化粧品の上位にランクされています。

マイナンバー関連の大手どころを見ると**NTTデータ(9613)**、**野村総合研究所(4307)**の堅調ぶりが目を引きます。

NTTデータは、年初の4450円が7月31日に6110円、10月6日に6280円と年初来高値を更新しています。

野村総合研究所も、年初の3377・3円が8月6日に4763・6円、10月6日に４８４０円と年初来高値を更新しています。直近ベースの上昇率は43・３％となります。ＮＴＴデータとほぼ同じパターンです。

ちなみに、日経平均株価の上昇率は年初に対し、11月９日時点で13・４％となっています。野村総合研究所、ＮＴＴデータとも、チャイナ・ショックで全面安となった８月25日を起点に切り返しています。日経平均株価がそこからさらに下落し、９月29日に１万６９０１円の安値をつけたことに比べると、その堅調ぶりが光ります。

これがテーマ株の強みといえるでしょう。すなわち、「国策に逆らうな、世相にカネを乗せよ」ということです。

◉不祥事・事件等で人気化する銘柄は絶好の狙い目

また、大きな事件・事故をきっかけに人気テーマ株として思惑を集めることがあります。２０１５年の10月中旬、横浜市の大規模マンションが傾いていることが発覚しました。施工不良、データ改ざんが原因です。

このマンションは、**三井不動産（８８０１）**の子会社である三井不動産レジデンシャルが販売した物件です。工事の元請けは**三井住友建設（１８２１）**でしたが、くい打ち工事を担当した旭化成建材（未上場）が施工不良、データ改ざんを認めたのです。

三井住友建設の株価は10月13日の終値159円が翌14日に109円まで急落（下落率31・4％＝ストップ安）しました。同じく、旭化成建材の親会社である**旭化成（3407）**の株価も、10月14日の終値917・7円が10月20日に693・6円まで売られています（下落率24・4％）。不祥事にマーケットは容赦ありません。

2016年も思わぬ事件・事故が発生し、世間を騒がせることでしょう。何もそれを待ち望んでいるわけではありませんが、そのような事態が発生したとき、どのような銘柄が売られ、そして買われるのかを瞬時に見極めることができれば、大きな利益をつかむことが可能となります。

横浜のくい打ちデータ改ざん事件を受け、株式市場では地質・地盤調査関連株が人気を集めました。地質調査を手がける**土木管理総合試験所（6171）**、**地盤ネットホールディングス（6072）**、**サムシングホールディングス（1408）**、**応用地質（9755）**などです。

10月14日の終値から20日の高値を見ると、土木管理総合試験所が1448円→2330円（上昇率60・9％）、地盤ネットホールディングスが451円→659円（上昇率46・1％）、サムシングホールディングスが532円→695円（上昇率30・6％）、応用地質が1413円→1539円（上昇率8・9％）となっています。

■旭化成（3407）の日足チャート

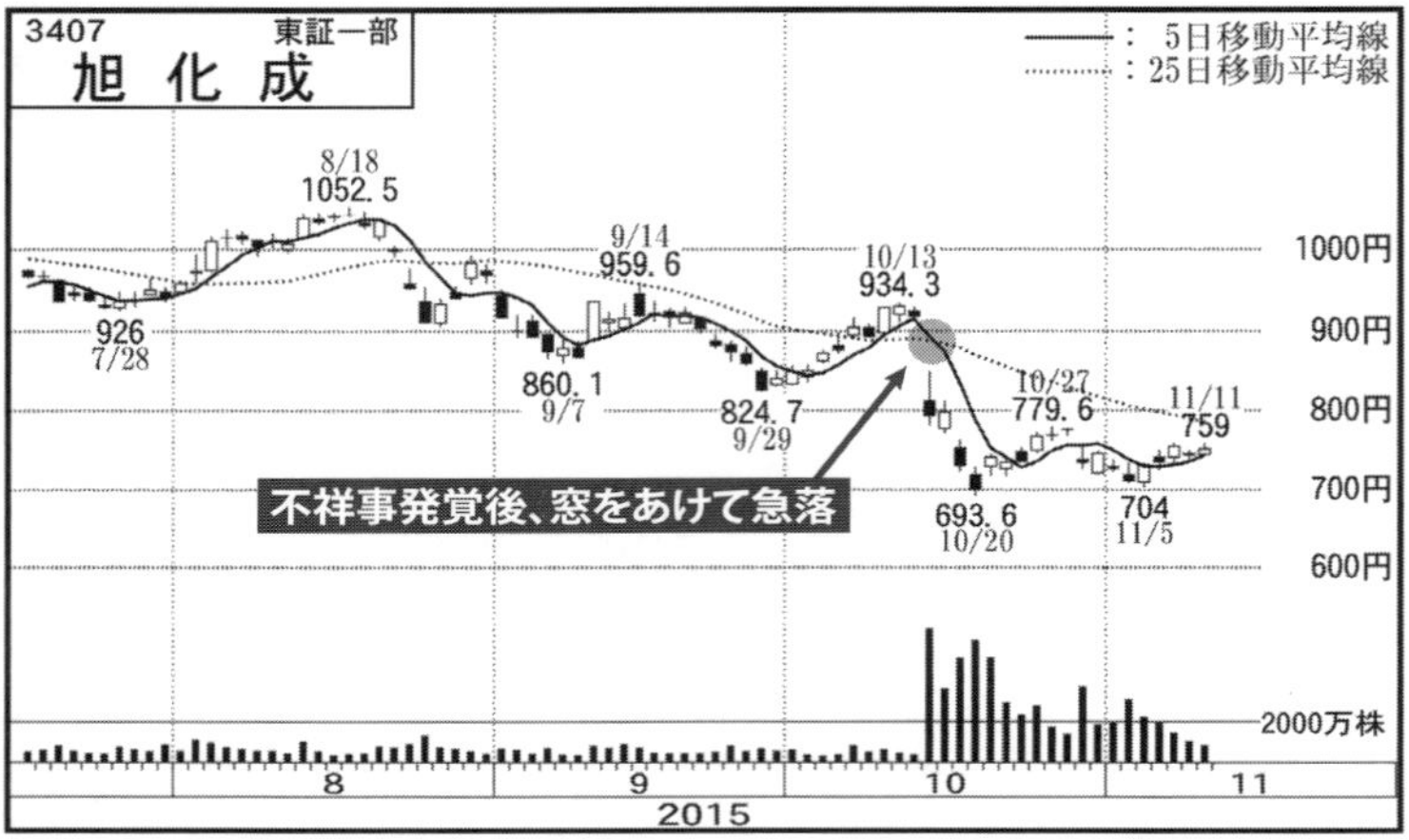

■地盤ネットHD（6072）の日足チャート

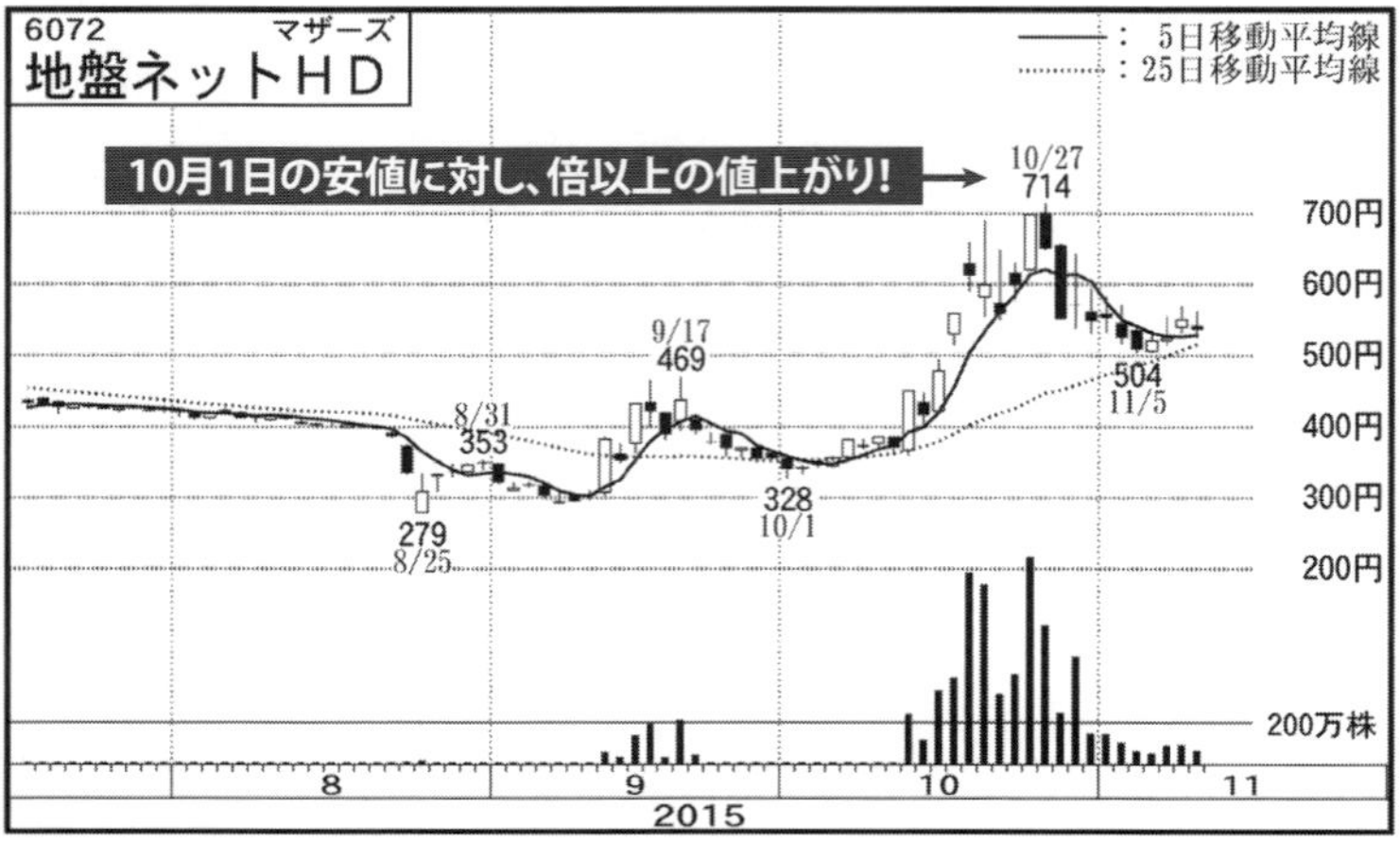

◉ヘッジファンドの「ロング&ショート戦略」

次は、「外国人の投資戦略」についてです。外資系ヘッジファンドが得意とする投資手法の1つに、「ロング&ショート戦略」があります。これは異なる銘柄の買いと売りを組み合わせて利ザヤを稼ぐやり方です。

２０１５年の前半は食品、薬品、トイレタリー関連セクター買い（ロング）の輸出関連セクター売り（ショート）が目につきました。ショート対象の銘柄はとことん売り込まれます。

食品セクター大手の**明治ホールディングス（２２６９）**は、年初の５５００円が４月９日に８３１５円、８月６日に１万６６６０円まで値上がりしました。上昇率はそれぞれ51・2％、93・８％になります。

薬品の**武田薬品工業（４５０２）**は年初の４９８３・5円が3月6日に６６５７円（上昇率33・6％）となり、トイレタリー最大手の**花王（４４５２）**は年初の４７０７・5円が、7月30日に６６２３円（上昇率40・７％）まで値上がりしました。直近ベース（２０１５年11月９日終値）でも、30・２％の上昇です。

一方、輸出関連セクターでは輸出比率92％の**アドバンテスト（６８５７）**が、年初の

■花王とアドバンテストの推移比較

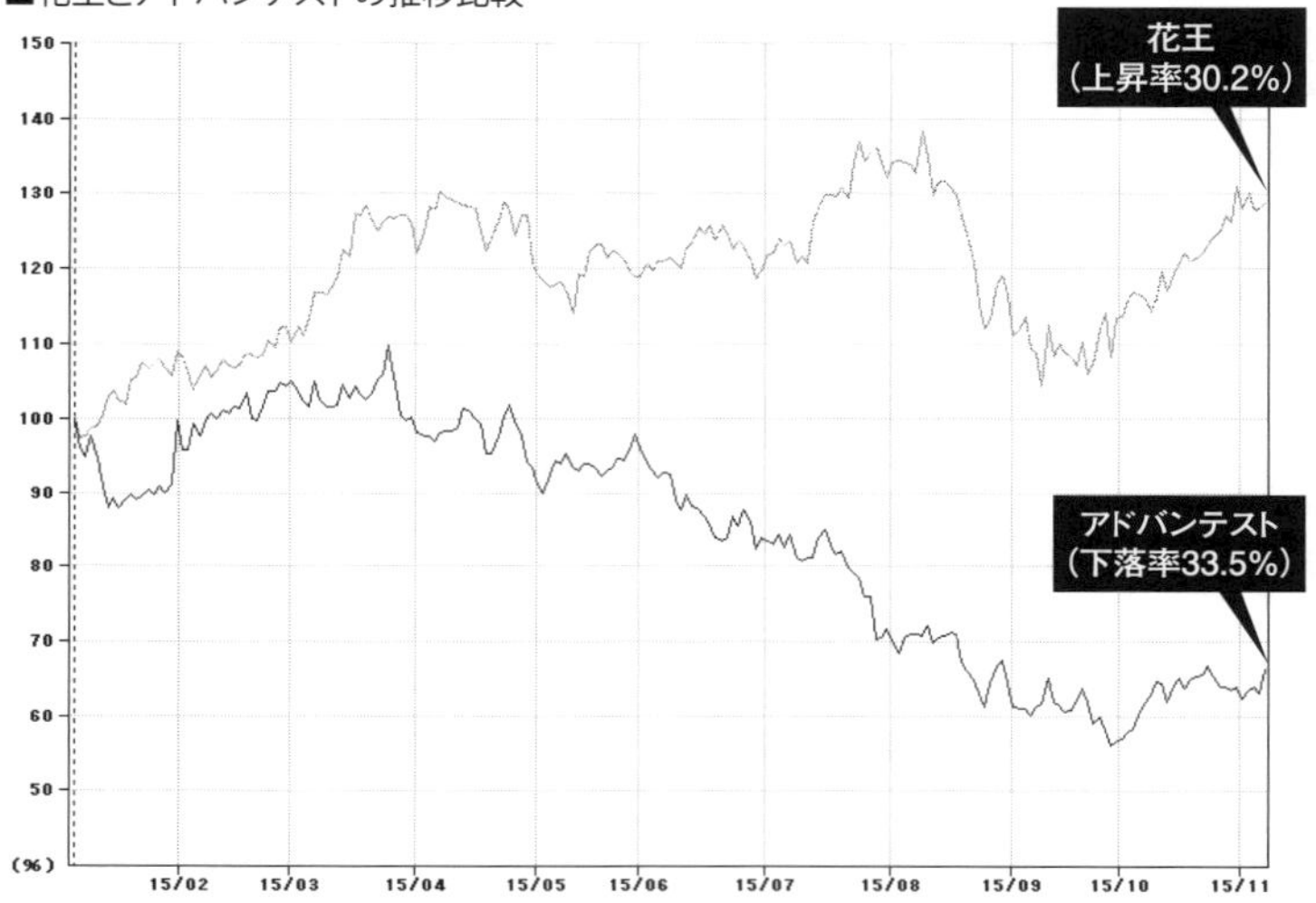

［注］2015年1月5日を100として比較（2015年11月9日まで）

１５０９円から3月25日に１６７８円に値上がりしたものの（上昇率11・２%）、その後、10月2日に８４１円（下落率44・３%）と値を崩しました。直近ベース（２０１５年11月９日終値）でも、33・５%の下落です。当然、貸し株を使ったカラ売りが急増します。

輸出比率73%の**日立建機（６３０５）**は、年初の２５４０円が3月30日に２０５５円（下落率19・１%）、９月29日に１５５３円（下落率38・９%）と下げ続けました。輸出比率80%の**マツダ（７２６１）**の低迷ぶりは先にも触れましたが、年初の２９０９円が９月７日に１７７２円（下落率39・１%）まで値下がりしています。

結果的に、食品、薬品、トイレタリー関

連セクター買いの輸出関連セクター売りを手がけていれば、大きな利益を手にできたことになります。

このロング&ショート戦術は投資資金（取引コスト含む）がかさみますが、マーケットリスクを軽減できるという利点もあります。2016年相場では、どのような組み合わせが奏功するのか、興味深いところです。

◉機関投資家の運用姿勢に変化の兆し

もう1つ、2015年相場で注目すべきことは、機関投資家がパッシブ運用の手法を「スマート・ベータ」にシフトしたことです。スマート・ベータとは、従来のように時価総額に応じて銘柄を組み入れるのではなく、財務指標、株価変動率などをもとに銘柄を組み入れる運用方法です

機関投資家が自身のファンドを運用する場合、大きく分けてパッシブ運用とアクティブ運用があります。パッシブ運用はインデックス運用とも呼ばれていますが、投資資金の運用目標をベンチマーク（日経平均株価、TOPIXなどの指標=市場平均）に連動させる運用手法です。

これに対し、アクティブ運用とはベンチマークを上回る運用成績（リターン）を上げる

■神戸物産(3038)の日足チャート

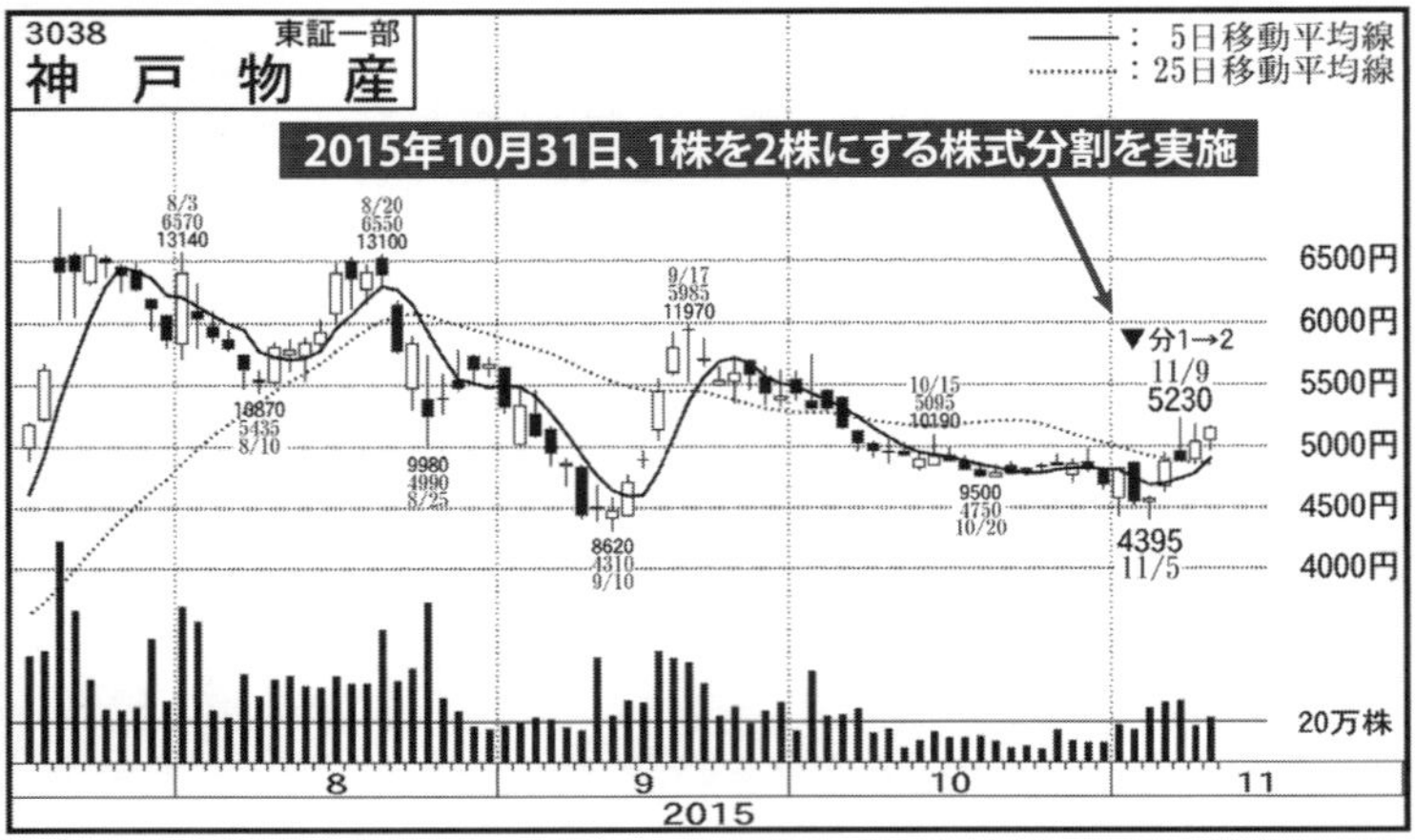

ことを目標としています。ちなみに、アクティブ運用の投資手法には「バリュー投資」と「グロース投資」がよく知られています。バリュー投資は成熟株投資、グロース投資は成長株投資という意味です。

　パッシブ運用とアクティブ運用の中間的な手法がスマート・ベータと呼ばれるものです。この手法は、２０１５年４月にＧＰＩＦ（年金積立金管理運用独立行政法人）が採用したことで話題となりました。パッシブ運用を上回るパフォーマンスを狙います。

　市場平均を上回る運用成果を上げるためには、ひと握りの銘柄を執拗に買い進むことになります。反面、その分リスクを負うことになり、ベンチマークを下回る運用結果となるケースもあります。

2015年相場では、**神戸物産（3038）**などがひたすら買い進まれました。同社は格安販売で知られる「業務スーパー」を展開しているほか、回転寿司の「平禄寿司」、居酒屋の「村さ来」などを傘下に収めている会社です。

株価は年初の4800円が4月14日に5530円（上昇率15・2％）、6月11日に6350円（同32・3％）、7月2日に7130円（同48・5％）と買い進まれ、7月22日には1万3870円と上場来高値を更新しました。ちなみに、この株価は年初から2・9倍になった計算になります。

2016年10月期の連結最終利益は40億円、1株利益は295・9円、年間配当は80～90円の予想です。時価の連結PER（株価収益率）は30・4倍、PBR（株価純資産倍率）は6・6倍、年間配当利回りは0・8倍と割安感はありません。しかし、直近株価は2015年10月20日の終値が9510円と高水準をキープしています。

また、**日新製糖（2117）**、**なとり（2922）**、**アース製薬（4985）**、**ダブル・スコープ（6619）**、**エコス（7520）**、**共立メンテナンス（9616）**などがテクニカル的に、神戸物産のような〝足取り〟をたどっています。いずれも、好業績、かつテーマ性内包銘柄です。

COLUMN

コラム……2

株式投資に求められる“夢とロマン”

株式投資には“夢とロマン”が求められます。企業業績などファンダメンタルズの分析だけでは味気なさすぎます。この夢とロマンとは「テーマ性」です。社会性を有する事象はマスコミ報道が相次ぎ、株価を刺激します。

例えばマイナンバー、情報セキュリティ関連のFFRI（3692）、店舗集客アプリのアイリッジ（3917）、高齢者介護支援のスマートバリュー（9417）、ゲームのモバイルファクト（3912）、電気自動車部品のダブル・スコープ（6619）、自動運転のアイサンテクノロジー（4667）などが好例でしょう。

FFRIは、2015年5月29日の安値4,515円が7月23日には18,500円まで急騰しました。約4倍になった計算です。

アイリッジは、2015年7月21日に新規上場したあと下げていましたが、9月30日の安値2,951円が10月26日に6,240円の高値と1カ月弱で2倍になっています。

スマートバリューは、2015年10月2日の1,500円が同月22日に2,680円まで買われ（上昇率78.7%）、モバイルファクトも同年10月2日の安値1,185円が10月27日に2,515円の高値まで買われています（2.1倍）。ダブル・スコープは同年11月12日に3,180円と上場来高値を更新しました。

世相（社会情勢）、国策が株価の追い風となるのです。だからこそ、株価大化けの条件として、「好業績＋テーマ性」といわれるのです。

《第2章》

主要業種、主要銘柄はこう動く

2015年は「その他製品」「パルプ・紙」が急騰 「鉄鋼」「鉱業」「海運」が大きく下げる

◉上昇率上位組は円安、原材料費安の恩恵をフルに享受

この章では主要業種の動向、および主要銘柄の2016年における高値メドを予測してみたいと思います。業種分類は「33業種分類」をベースにしています。

この33業種分類は東証（東京証券取引所）が「証券コード協議会」の定める業種区分に基づき区分けたものです。

次ページの表は、各業種の株価指数について調べたものです（2015年の年初→直近まで）。ちなみに、業種別株価指数とは、東証1部に上場しているすべての銘柄（TOPIX構成銘柄）を33業種に区分し、業種ごとに算出する株価指数です。この指数を見れば、各業種のパフォーマンスが分かります。

33業種のなかで最も値上がりした業種は「その他製品」で、年初の1488・46ポイントが直近2112・04ポイントと41・9％上昇しました。その他製品の日経平均採用銘柄は**凸版印刷（7911）**、**大日本印刷（7912）**、**ヤマハ（7951）**の3銘柄です。

▼33業種分類と業種別株価指数の騰落率（2015年）

	業種分類	業種	始値（ポイント）	直近値（ポイント）	騰落率（%）
33業種分類	水産・農林業	水産・農林業	341.74	378.23	10.7
	鉱 業	鉱業	385.02	346.49	▲10.0
	建設業	建設業	934.32	1,083.60	16.0
	製造業	食料品	1,465.69	1,758.54	20.0
		繊維製品	638.86	734.46	15.0
		パルプ・紙	392.55	521.41	32.8 ②
		化学	1,355.28	1,498.12	10.5
		医薬品	2,157.23	2,590.42	20.1
		石油・石炭製品	952.01	990.24	4.0
		ゴム製品	3,145.7	3,391.93	7.8
		ガラス・土石製品	962.04	1,068.73	11.1
		鉄鋼	654.80	558.84	▲14.7
		非鉄金属	959.51	1,009.55	5.2
		金属製品	1,142.96	1,220.35	6.8
		機械	1,594.92	1,544.36	▲3.2
		電気機器	1,923.28	1,959.02	1.9
		輸送用機器	3,143.39	3,284.00	4.5
		精密機器	4,124.74	4,497.59	9.0
		その他製品	1,488.46	2,112.04	41.9 ①
	電気・ガス業	電気・ガス業	460.05	559.59	21.6
	運輸・情報通信業	陸運業	1,825.07	2,209.12	21.0
		海運業	440.35	408.46	▲7.2
		空運業	273.37	326.84	19.6
		倉庫・運輸関連業	1,645.62	1,691.35	2.8
		情報・通信業	2,488.64	2,966.91	19.2
	商業	卸売業	1,116.28	1,226.72	9.9
		小売業	921.46	1,150.86	24.9 ③
	金融・保険業	銀行業	187.65	216.95	15.6
		証券、商品先物取引業	448.38	477.92	6.6
		保険業	806.93	989.05	22.6 ⑤
		その他金融業	543.39	675.73	24.4 ④
	不動産業	不動産業	1,599.69	1,665.23	4.1
	サービス業	サービス業	1,469.19	1,679.17	14.3

（注）直近値は2015年10月26日時点のもの

■ヤマハ(7951)の週足チャート

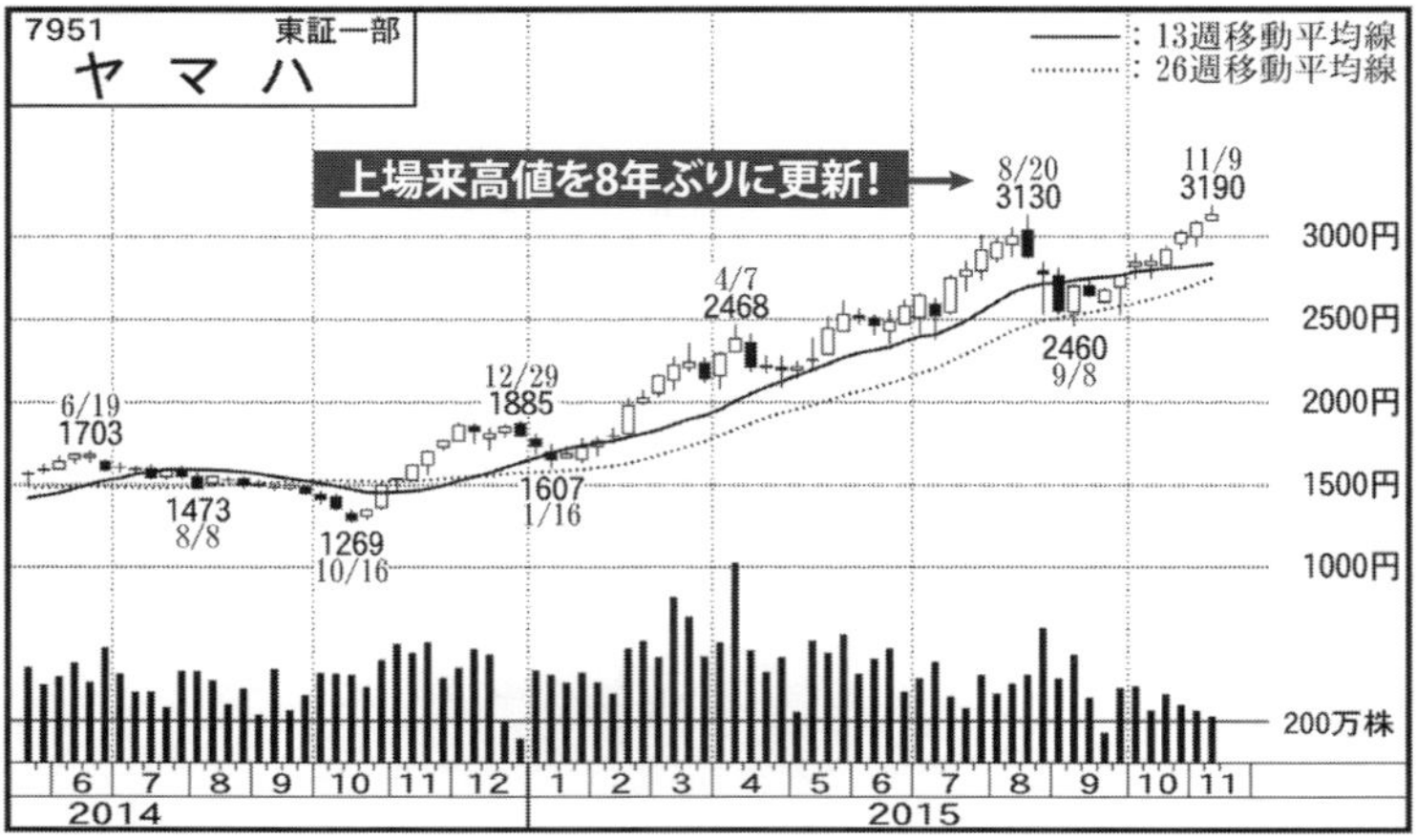

それぞれ、年初から直近までの上昇率は、凸版印刷が36・7％、大日本印刷が15・6％、ヤマハが65・9％となっています。３銘柄とも、同じ期間の日経平均株価の上昇率９・４％をすべて上回りました。

特に、ヤマハは1月16日、１６０７円の安値をつけたあと上昇に転じ、８月20日に３１３０円（上昇率94・８％）を示現しています。これは、２００７年４月の上場来高値２９１０円を更新したものです。

同社は輸出比率が63％と高いことから円安メリットを受け、海外を中心に電子ピアノが伸びています。２０１６年３月期の最終損益は２７５億円と２ケタ増益の見通しで、好環境、好業績が素直に評価された形です。

チャートも月足、週足、日足ともに右肩上がりで、２０１６年も上昇トレンドが継続されるでしょう。特に、全般相場が海外要因などで下げたときは、安値を着実に拾っておくべきでしょう。

２０１５年も９月８日に２４６０円まで突っ込みましたが、11月９日にはザラバで３１９０円まで戻しています。この間の上昇率は29・７％に達します。

業種別株価指数の上位２番目は「パルプ・紙」となりました。原料安、燃料安メリットを受けたのでしょう。始値の３９２・55ポイントが５２１・41ポイントで32・８％の上昇率です。この業種の日経平均採用銘柄は**王子ホールディングス（３８６１）**、**日本製紙（３８６３）**、**北越紀州製紙（３８６５）**です。上昇率は王子ホールディングスが44・８％（始値４３１円→直近値６２４円）、日本製紙が26・５％（始値１７３０円→直近値２１８９円）、北越紀州製紙が61・３％（始値５０９円→直近値８２１円）となりました。

このなかで最もパフォーマンスのいい銘柄は北越紀州製紙でしたが、２０１５年10月23日に８３４円と年初来高値を更新しています。この時点で日経平均株価、および日経平均採用銘柄の多くは年初来高値に対し、大きく割り負けています。このような動きをする銘柄は、２０１６年も要注目となるでしょう。

続いて、業種別株価指数の上位３番目は「小売業」、４番目が「その他金融」、５番目は「保険業」です。

◉市況の低迷で厳しい状況に追い込まれた鉄鋼3社

逆に、2015年のパフォーマンスが最も悪かった業種は「鉄鋼」でした。年初の654・80ポイントが直近値558・84ポイントまで下がっています（下落率14・7％）。鉄鋼には世界的に過剰設備の問題が存在します。

この業種の日経平均採用銘柄には、**新日鐵住金（5401）**、**JFE（ジェイ エフ イー）ホールディングス（5411）**、**神戸製鋼所（5406）**、**日新製鋼（5413）**、**大平洋金属（5541）**があります。

これらの年初から直近値までの騰落率は新日鐵住金が13・9％、JFEホールディングスが25・2％、神戸製鋼所が24・3％、大平洋金属が9・9％の下落となり、唯一、日新製鋼だけが13・5％の上昇となりました。日新製鋼には、ステンレス業界再編の思惑があります。

なかでも、JFEホールディングスと神戸製鋼所の下げが目立ちます。JFEホールディングスは粗鋼生産世界第9位ですが、鋼材の在庫調整が長引いていることに加え、市況の低迷で輸出採算が悪化したことが響きました。粗鋼生産世界第2位の新日鐵住金より下落率が大きいのは、「体力差」に基づくものでしょう。

神戸製鋼所は、利益率の高い建機部門が中国の景気減速で足を引っ張られことが影響しています。

このセクターのなかで、高炉国内4位の日新製鋼がプラスとなっていますが、同社は前述の業界再編思惑に加え、ステンレスに強みがあります。

このほか、業種別株価指数がマイナスだったのは、「鉱業」「海運」「機械」の3セクターでした。鉱業は原油価格の低迷が響き、海運は運賃市況の下落がこたえました。

海運はバラ積み船の運賃が低迷し、第一中央汽船は2015年9月末に経営破たんしてしまいました。同社は**商船三井（9104）**の関連会社でしたが、業界大手の会社でも救えなかったという事実は、この業界の厳しさを表しています。ただ、海運市況は底打ち機運が出ており、2016年には徐々に明るさが戻るでしょう。

機械は中核の**コマツ（6301）**、**日立建機（6305）**といった建機メーカーが、中国の需要減で低迷しました。しかし、最悪期はすぎたのではないでしょうか。

2016年は、この業種別株価指数がどのような推移をたどるのか、常にイメージしておく必要があります。できれば日々の業種別株価指数をチェックし、それを頭の片隅に入れて新聞を読むと、投資力が飛躍的にアップします。

57ページ以降の項では、2016年に注目する業種、および銘柄について解説してみたいと思います。

COLUMN

コラム……3

「李克強指数」で成長率を裏読みするのは?

2015年の後半相場は、中国に振り回されました。中国の場合、統計データの信頼性のなさが問題視されていますが、そのなかで、「李《り》克強《こくきょう》指数」が注目を集めています。

李克強指数とは、かつて李克強首相が経済政策を判断するうえで重視していると発言して話題となった経済指標(電力消費量、銀行融資残高、鉄道貨物輸送量)にウエート付けして算出したものです。

しかし、これには欠点があります。まず、電力消費量には工業が用いられていますが、これは2015年1月以降、マイナスが続いています。

現在、中国経済は工業のウエートが低下、小売業、サービスなど第3次産業の比率が48%を占めるまでに至っているのです。このセクターの電力消費量は1～3月がプラス7.1%、4～6月がプラス9.4%となっています。工業とは“景色”がずいぶん違います。

鉄道貨物輸送量を使うのも現実的ではありません。鉄道貨物の5～6割は石炭ですが、これの需要は落ちています。しかも、今や道路(トラック)貨物輸送量が鉄道貨物輸送量の9倍のスケールになっている、という現実(極めて重要)を忘れています。

李克強指数を手がかりに、「中国のGDP成長率はせいぜい2～3%、最悪マイナス成長では?」と裏読みするのはどうかと思うのですが……。

２０１６年は「建設」に快晴マーク「水産・農林業」「食料品」も晴れ

◉水産では日本水産、農林業ではサカタのタネに注目

ここからは２０１６年における33業種の見通しと主力銘柄の高値メド、妙味銘柄について検証していきたいと思います。なお、各業種の見通しには良好な順に、快晴☀↓晴れ☼↓薄曇り⛅↓曇り☁↓雨☂のお天気マークを、次ページ以降の表に入れてあります。

水産・農林業は「晴れ」マークです。水産、農林ともに業界規模は若干ではありますが増加傾向にあり、２０１６年も大きな落ち込みは考えられません。

水産は**マルハニチロ（１３３３）**、**日本水産（１３３２）**、**極洋（１３０１）**が大手３社です。昨今は一時の魚離れを脱し、健康志向などに支えられて〝魚ブーム〟が続いています。ただ、〝水産〟業は遠い昔の話で、今は加工ビジネスが柱になっています。

日本水産の２０１５年の株価は、年初の３７５円が３８７円と３・２％の上昇率にとどまっていますが、高値は８月５日の４５４円があります。２０１６年の高値メドはこれを上抜く４６０円としましたが、同社はＭ＆Ａに注力しており、大きな案件が話題となれば

▼33業種の天気予報と主力銘柄の高値メド（2016年）　…その1

業種	お天気	コード	銘柄	始値	高値	安値	直近株価	高値メド
水産・農林業		1332	日本水産	375.0	454.0	333.0	387.0	460.0
鉱業		1605	国際石油開発帝石	1,338.0	1,555.5	1,028.5	1,189.0	1,600.0
建設業		1801	大成建設	685.0	856.0	648.0	802.0	1,100.0
食料品		2269	明治HD	5,500.0	10,660.0	5,345.0	8,830.0	10,200.0
繊維製品		3101	東洋紡	162.0	216.0	155.0	181.0	220.0
パルプ・紙		3861	王子HD	431.0	617.0	389.0	616.0	800.0
化学		4005	住友化学	474.0	798.0	445.0	700.0	1,010.0
医薬品		4568	第一三共	1,676.0	2,769.0	1,556.0	2,319.5	2,800.0
石油・石炭製品		5020	JXHD	468.7	568.0	417.1	486.4	580.0
ゴム製品		5108	ブリヂストン	4,169.0	5,182.0	3,755.5	4,322.0	5,180.0
ガラス・土石製品		5201	旭硝子	587.0	843.0	564.0	745.0	990.0

（注）お天気マークは業種に対する予報。始値、高値、安値は2015年のもの。
直近株価は同年10月21日終値。単位はすべて円

意外高もあり得ます。

農林では、種苗メーカーに注目しています。業界首位の**サカタのタネ（1377）**はブロッコリー種の世界シェアトップで、ほかの野菜種子も伸びています。業績は堅調、株価も年初の1991円が10月28日に2522円の年初来高値を示現するなど、勢いがあります。2016年はさらなる飛躍が期待できます。

鉱業は「薄曇り」マークです。業種別株価指数の項でも述べたとおり、原油価格の低迷が響いています。主力企業の**国際石油開発帝石（1605）**は、資源エネルギー価格の底入れがカギを握ります。

資源エネルギー価格については世界景気次第ですが、底入れがはっきりすれば、1600円程度の高値があってもおかしくはないでしょう。

◉工事採算の改善が建設各社の株価を後押し

建設業には「快晴」マークをつけました。東北復興に加え、2020年の東京オリンピック・パラリンピックを控えてビッグプロジェクトが目白押しです。問題は人手不足と資材の高騰ですが、ここにきてピーク打ち感が出ており、工事採算が改善傾向にあります。

ただ、横浜のマンション問題は〝痛手〟です。大手ゼネコンの役員も、決算発表の席上

■大成建設（1801）の週足チャート

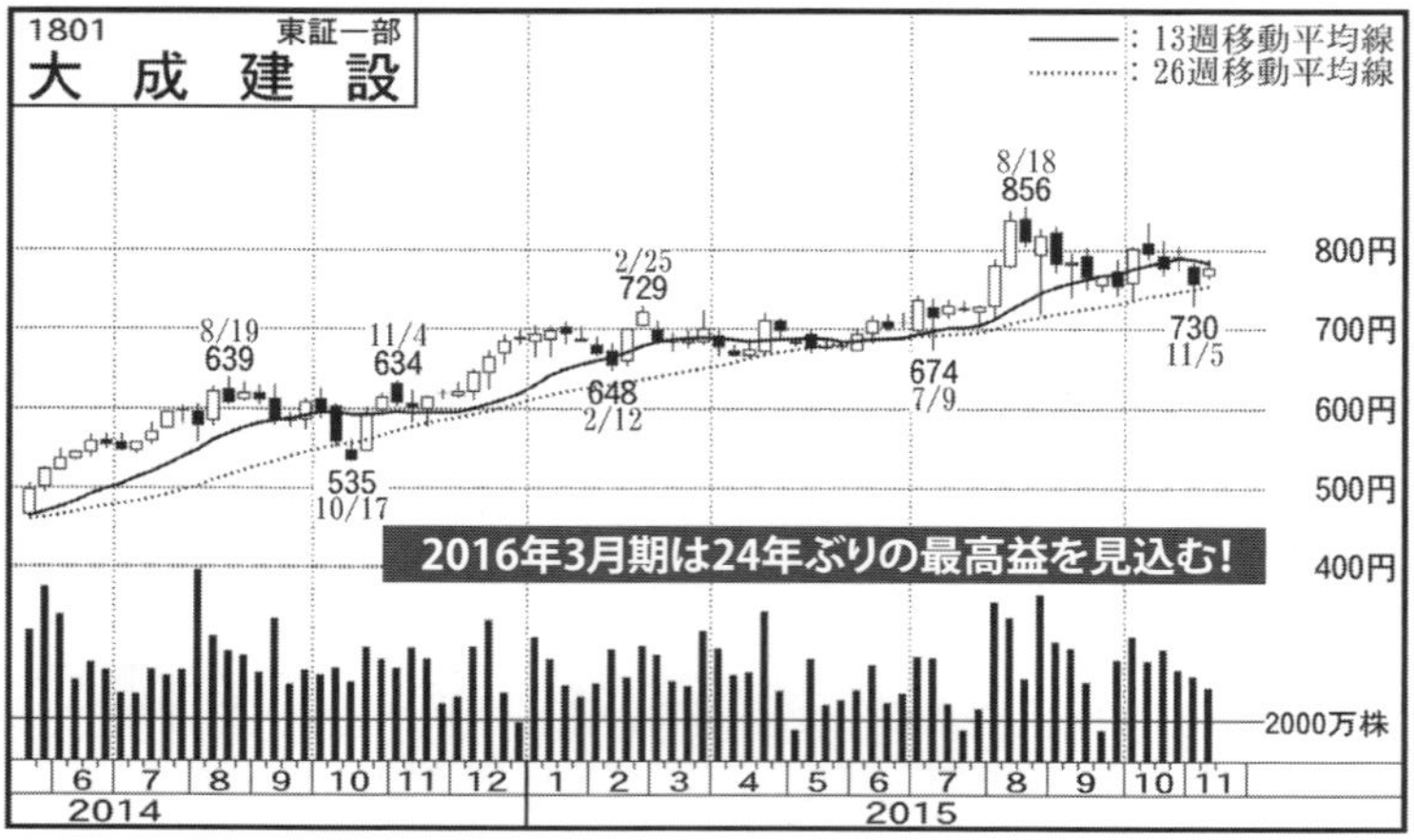

で、「この問題がどこまで波及するのか、非常に心配だ」と述べています。

大成建設（１８０１）の２０１５年における株価は、年初の６８５円が直近８０２円（上昇率17・１％）と極めて順調です。２０１６年の高値メドは１１００円近辺を想定しています。

◉食料品は森永乳業が業績大幅上方修正

食料品も「晴れ」マークです。２０１５年はこのセクターに強烈な追い風が吹きました。値上げが認知され、これにインバウンド需要なども加わり、大幅な増収増益基調が鮮明となりました。ただし、ＴＰＰ（環太平洋経済連携協定）交渉の妥結は明暗を分けています。

明治ホールディングス（２２６９）は２０１５年の始値５５００円が、８月６日には１万６６０

円まで買われ（上昇率93・８％）、直近ベースでも８８３０円（上昇率60・５％）と高水準を保っています。

ＴＰＰ交渉の妥結は好材料であり、デフレ↓インフレの流れはプラスとなるでしょう。２０１６年の高値メドは１万２００円程度と考えています。

このほか、**森永乳業（２２６４）**が好業績見通しを発表しています。２０１６年３月期の連結最終利益が前期比２・２倍の90億円となり、６期ぶりに最高益を更新します。驚くのは従来予想を40億円も上回ったことです。これはアイスクリームなどの製品が、春先に値上げをしたにもかかわらず販売好調だったことによります。

同社株は２０１５年８月18日に６２４円まで買われていますが（年初からの上昇率は49・６％）、２０１６年にはこの水準を大きく超える可能性を秘めています。

◉繊維製品は東レ、東洋紡の2ケタ増益続く

繊維製品は「薄曇り」マークです。ただ、繊維産業は今や化学・電機部門のウエートが大きくなっています。**東レ（３４０２）**が好例です。**東洋紡（３１０１）**は東レに比べれば地味ですが、フィルム・機能性樹脂などが収益の柱に育ってきています。

同社の業績は２０１６年３月期の連結最終利益が42％強の増益見通しにあり、配当も３・

5円を維持しています。0・5円でも増配となれば、株高の支援材料となります。直近株価は181円で年初より11％以上値上がりしており、2016年は220円近辺まで買われてもおかしくはありません。

先にも触れましたが、パルプ・紙は2015年における業種別株価指数の上位2番目となりました。ただ、2016年のお天気マークは「薄曇り」としました。この業界も例外なく海外市場を開拓しており、**王子ホールディングス（3861）**はブラジル事業が好調です。

2015年に大きく上昇したのは、2016年3月期の業績を織り込んだからでしょう。連結最終利益は前期の173億円が370億円と2倍以上に増える見通しです。2016年の高値メドは800円としました。円安で原材料コストが低く抑えられれば、不可能ではないと思います。2006年2月につけた811円を目指す展開が期待できます。

◉化学は住友化学が絶好調、旭化成は不祥事に泣く

化学も「薄曇り」です。このセクターは範囲が広く、ほとんどの企業がハイテク分野に進出しています。ただ、手がける製品によって企業間に温度差があります。

「業界の雄」的存在の**住友化学（4005）**は医薬品部門（売上げ構成比17％）などを育

成中ですが、２０１６年３月期は原料安が追い風となり、連結経常利益を従来予想より８％増の１７００億円に上方修正しました。

サウジアラビアの石化事業は苦戦していますが、２０１５年の株価は、年初に対して直近ベースで47％以上値上がりしており、２０１６年は４ケタ乗せが期待できます。高値メドは１０１０円としました。

このセクターでは**信越化学工業（４０６３）**も好調です。スマートフォン（スマホ）、サーバーに使うシリコンウエハーのフル生産が続いており、２０１５年４〜９月期の連結最終利益は７６６億円と前期比13％の伸びを見せています。これを受け、２０１６年３月期は年間配当を10円増配の１１０円とする方針です。

２０１５年の株価は年初の７８３４円を直近ベースで12％以上下回っていますが、２０１６年は見直し買いが入る展開が期待できます。

ただ、マンションのデータ改ざん問題に揺れる**旭化成（３４０７）**は、ブランド力の低下が懸念されます。株価はしばらく軟調な展開を余儀なくされるでしょう。

◉第一三共は２８００円を指向する展開

医薬品は「薄曇り」予想としました。２０１５年の業種別株価指数は20％上昇しましたが、市場規模は伸び悩んでいます。日本の医薬品市場は世界市場の13％を占め、アメリカに次いで2位の座を確保しています。

ただ、この市場の伸び率はGDP（国内総生産）の伸び率にほとんど連動しません。TPPの影響についてはは不透明ですが、どうしても薬価改定や医療制度改革に影響を受けてしまうのです。今後は、懸案となっている国民医療費を抑制する圧力が高まることが予想され、日本の医薬品市場の伸びは年率2・3％程度にすぎないとの予測もあります。

第一三共（4568）は、出遅れていた後発医薬品が政府の後押しもあり伸びるでしょう。同社株は2015年の年初に対し、最大65％値上がりしました（8月6日）。その後はやや息切れ気味ですが、2016年の高値メドは2800円と予想しています。

また、この業界のバイオベンチャーは新薬の開発状況に左右されます。毎年、大きなニュースが飛び出しますので、マスコミ報道には注意してください。まあ、〝夢とロマン〟はありますが……。

◉JXホールディングスと東燃ゼネラル石油が経営統合へ

石油・石炭製品は「曇り」マークです。石油元売り各社は原油価格が下がると、在庫評価損がかさみます。ドバイ原油価格は1バレル40ドル台に下落しており、原油安が重荷になっているのです。まさに、石油業界には逆風が吹いています。

業界大手の**東燃ゼネラル石油（５０１２）**は、２０１５年12月期の連結最終利益が20億円の予想と下方修正しました（前回予想は１５０億円）。

この状況下、石油元売り国内首位のＪＸホールディングスが、同じく３位の東燃ゼネラル石油と経営統合に向けた交渉に入ったと報じられました。実現すれば、国内のガソリン販売で約５割のシェアを握ることになり、ダントツのトップ企業が誕生します。業界３位の出光興産と昭和シェル石油の合併に続き、業界再編は最終段階を迎えたことになります。

◉業績急回復の旭硝子は９９０円を目指す

ゴム製品も「曇り」マークです。業界環境は良好ですが、**東洋ゴム工業（５１０５）**の不祥事が響いています。**ブリヂストン（５１０８）**の２０１５年12月期連結最終利益は前期比５％減益の２８５０億円となります。

同社は前期に配当を57円→１００円と増やしており、２０１５年12月期は１２０円以上が見込まれています。１２０円でも、直近株価の４３２２円は年間配当利回りが２・８％になります。これは〝安心買い〟ができる水準です。

２０１６年の高値メドは５１８０円としました。これは２０１５年の５月29日につけた

■旭硝子（5201）の週足チャート

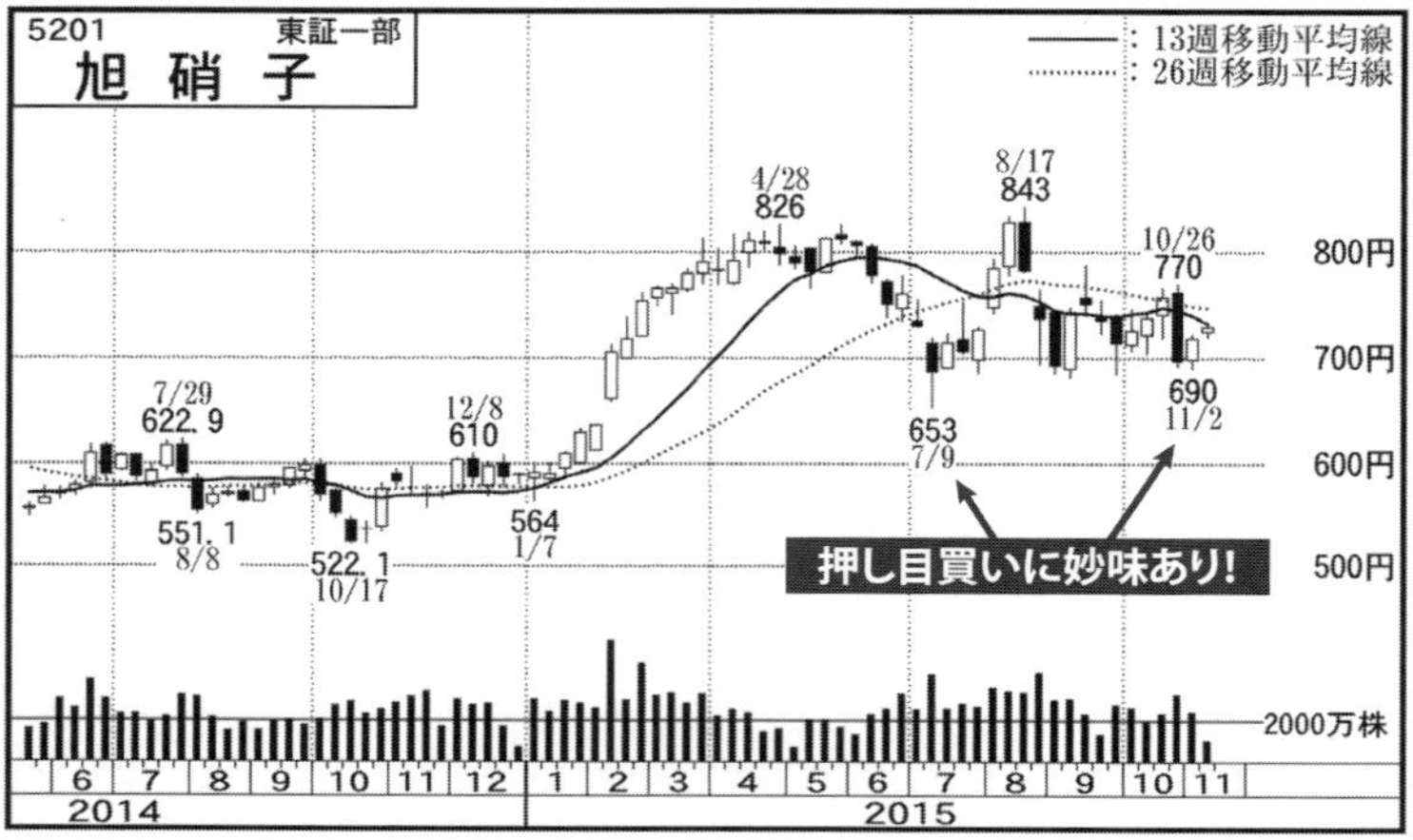

高値5182円と同水準です。業績的な裏付けがありますので、全般相場にツレ安したところが好買い場となるでしょう。

ガラス・土石製品は「曇り」マークです。地味なセクターですが、資源・エネルギー価格の下落に伴うコスト低減メリットを受けていますね。ただ、企業間で温度差が生じています。

ガラスでは、**旭硝子（5201）**が原材料安を背景に業績好調です。2015年12月期の連結最終利益が、前期比2・6倍の410億円となる見込みです。

同社株は2015年、年初の587円が8月17日に843円まで買われ（上昇率43・6％）、直近ベースでも745円（上昇率26・9％）と大きく値上がりしました。2016年は990円程度の上値を予想しています。

土石製品では**住友大阪セメント（5232）**が石炭安などのメリットを享受し、連続最高益を更新する模様です。2016年3月期の連結最終利益は、前期比12％増益の150億円予想となっています。

同社の株価は戻しを試す展開ですが、チャートは上昇トレンドです。2015年は年初の344円が8月17日に524円まで買われています（上昇率52・3％）。2016年は、2015年8月17日につけた524円を上抜くことが期待されます。2000年7月には651円まで買われています。

一方、同業の**太平洋セメント（5233）**は2016年3月期の連結最終利益が16％程度の減益見通しです。2015年の株価は年初の376円に対し、安値が340円（1月16日）、高値が428円（8月20日）、直近ベースで400円がらみと、ほぼボックス内での値動きでした。2016年も前半までは同じような動きとなりそうです。

ただ、懸念されるのは供給過剰の問題です。セメントは中国の過剰生産が6億トンある、といわれています。中国の過剰設備の問題は無視できません。セメントと同じように、鉄鋼は5億トンの過剰生産があるといわれています。化学製品も似たような状況です。これら製品の安値による輸出が市況下落を招いているのです。これが不安材料です。まあ、中国景気が劇的に回復すれば別ですが……。

「輸送用機器」「電気・ガス」「陸運」は晴れ「鉄鋼」は雨がいつ止むかが重要ポイント

◉新日鐵住金は長期・逆張り、東洋製罐の高値メドは2700円

鉄鋼はまだ「雨」が続きます。2015年は鋼材価格の低迷で、どしゃぶりに近い「雨」となりました。中国の過剰生産が続くなか、景気減速に伴って内需が減少し、その輸出攻勢によって鋼材市況が想定以上に悪化しているのが気がかりです。

国内首位（世界第2位）の**新日鐵住金**（**5401**）は、2016年3月期の連結最終利益を下方修正しました。従来予想を800億円下回る前期比16％減の1800億円としたのです。**JFEホールディングス**（**5411**）の減益率はさらに大きく、前年同期比64％減の500億円になる見通しです。

新日鐵住金の株価は2015年9月末に10株を1株に併合した結果、直近値は2500円前後となっています。

低位大型株のイメージが強かっただけに、チャートを見るとまだ意外感が残りますが、2016年は2800円程度の高値を見込んでいます。当面は戻り売りのパターンが続く

▼33業種の天気予報と主力銘柄の高値メド(2016年) …その2

業種	お天気	コード	銘柄	始値	高値	安値	直近株価	高値メド
鉄鋼		5401	新日鐵住金	2,981.0	3,505.0	2,122.5	2,515.0	2,800.0
非鉄金属		5802	住友電気工業	1,506.0	2,037.0	1,404.0	1,691.5	2,030.0
金属製品		5901	東洋製罐グループHD	1,487.0	2,226.0	1,296.0	2,215.0	2,700.0
機械		6367	ダイキン工業	7,774.0	9,758.0	6,557.0	7,889.0	9,700.0
電気機器		6752	パナソニック	1,428.5	1,853.5	1,177.5	1,351.5	1,850.0
輸送用機器		7203	トヨタ自動車	7,565.0	8,783.0	6,650.0	7,467.0	8,800.0
精密機器		7733	オリンパス	4,245.0	5,040.0	3,595.0	4,000.0	5,300.0
その他製品		7912	大日本印刷	1,081.0	1,423.5	1,001.0	1,231.5	1,420.0
電気・ガス		9501	東京電力	499.0	939.0	442.0	843.0	1,480.0
陸運		9020	東日本旅客鉄道	9,056.0	12,815.0	8,710.0	11,215.0	12,800.0
海運		9101	日本郵船	336.0	388.0	268.0	325.0	380.0

(注)お天気マークは業種に対する予報。始値、高値、安値は2015年のもの。
直近株価は同年10月21日終値。単位はすべて円

でしょうが、重要なのはどこで雨が止むか、です。

時間はかかりそうですが、鋼材市況が底入れすればリバウンドを狙えます。長期・逆張りの発想なら、深押し場面を少しずつ買うことです。ただ、無理（一発大量買い）は禁物です。チャートは、まだ下降トレンドです。

◉非鉄金属はＤＯＷＡホールディングスが業績下方修正

非鉄金属は「曇り」マークです。電線首位の**住友電気工業（５８０２）**は、２０１６年3月期増収ながら、連結最終利益は前期比25％ほどの減益予想です。ワイヤーハーネスは苦戦しており、新分野の育成がポイントになるでしょう。

それでも２０１５年の株価は年初に対し、直近ベースで12％超のプラスとなっています。２０１６年の高値メドは２０３０円としました。これは、２０１５年6月24日につけた高値２０３７円とほぼ同水準です。

このセクターでは精錬、金属加工大手、**ＤＯＷＡホールディングス（５７１４）**の２０１６年3月期が減収減益となりました。２０１５年11月6日の中間決算発表後、株価は８８４円まで急落しました。当面、厳しい展開が予想されます。

金属製品は「薄曇り」予想です。このセクターの主力銘柄は**東洋製罐グループホールディ**

ングス（５９０１）です。同社の事業分野は多岐にわたります。

２０１５年、同社株は年初の１４８７円が10月26日に２２２６円まで値上がりしました。上昇率は50％に達します。主力銘柄の多くが６～８月に高値をつけ、その後、大きく値を崩したことを考えると、その強さが光ります。２０１６年の高値メドは２７００円近辺と予測しています。

金属製品のセクターでは重量シャッター、貴金属リサイクルは「晴れ」予想です。個別的に注目しているのは**リンナイ（５９４７）**、**ジーテクト（５９７０）**、**宮地エンジニアリンググループ（３４３１）**などがあります。

リンナイは株価５ケタに挑戦中であり、ホンダ系部品メーカーのジーテクトは、２０１５年10月28日に１６００円まで買われています（年初からの上昇率は39・１％）。橋梁大手の宮地エンジニアリンググループは、国土強靭化関連として意外高が期待できます。

◉機械は企業間の温度差拡大、ホシザキ電機の上昇続く

機械も「薄曇り」予想です。ただ、このセクターは工作機械、建機、空調機器などと幅が広く、企業間で大きな温度差が生じています。工作機械は中国景気の減速、スマホの息切れがダメージです。

■ホシザキ電機（6465）の週足チャート

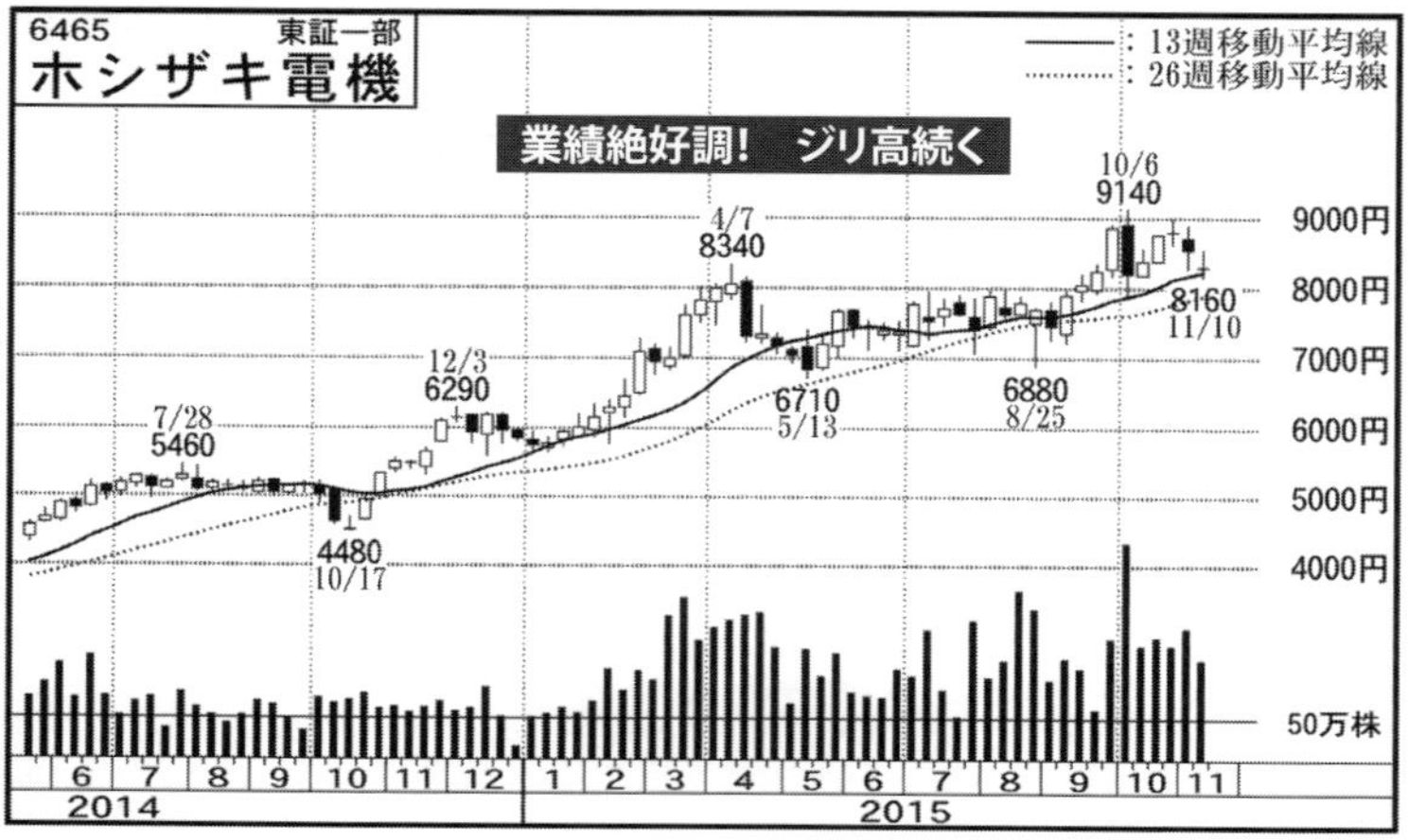

建機については先に触れましたので詳細を省きますが、２０１６年も中国景気次第で乱高下するでしょう。リスクはありますが、変動率の高さは魅力で、売り買いとも短期妙味はあります。

エアコンで世界シェア首位の**ダイキン工業（6367）**は、２０１５年の年初が７７７４円、直近が７８８９円とほぼ横ばいでパッとしませんでした。ただ、２０１６年３月期の連結最終利益が１３５０億円と連続最高益を更新する模様です。２０１６年の高値メドは９７００円としました。実力株です。

機械セクターで注目したいのは、**ホシザキ電機（6465）**です。個別的には文句なしの「晴れ」マークです。同社は業務用機器の大手で、製氷機では世界シェア首位を誇ります。冷凍冷蔵庫などが外食、コンビニなど多方面で伸びており、

2015年10月6日には9140円まで値上がりしました。年初に対し、56・8％の上昇です。

2016年もさらなる活躍が期待できそうです。ただ、値がさ株です。株式分割などを行なうかもしれません。折に触れて話題となるでしょう。

◉自動車大手の好業績を評価、トヨタ自動車の高値メドは8800円

電気機器は「晴れ」マークとしました。2015年は世界景気の減速が悪影響をおよぼし、2015年の業種別株価指数は1・9％のプラスにとどまりました。ただし、ハイテクの新分野は伸びます。

個別では**パナソニック（6752）**、**日立製作所（6501）**は「快晴」マークです。パナソニックは2015年5月28日の1853・5円をピークに、同年9月29日には1177・5円まで急落しました。しかし、2016年は業績の伸長を背景にこの巻き返しが見込めます。2016年の高値メドは1850円としました。また、**ソニー（6758）**など〝事業再生銘柄〟は意外高が見込めます。

日立製作所は、2015年4～9月期の連結最終利益が前期比17％減の975億円となりました。中国の景気低迷が響いて子会社の建機の売上げが落ち込み、2000人規模の

社員の転身に伴う費用が負担となりました。

ただ、2016年以降は構造改革効果に加え、主力のインフラ部門が復調する兆しにあり、株価も戻り歩調をたどると考えています。

輸送用機器も「晴れ」マークです。大手各社は業績拡大が続いており、自動運転が人気テーマとなりそうです。2015年4~9月期は、**日産自動車（7201）**、**富士重工業（7270）**の連結営業利益が約5割増となりました。**マツダ（7261）**、**スズキ（7269）**も増益を確保しています。

今後は中国、およびアメリカの景気、為替次第ではありますが、足元は堅調です。富士重工業、スズキの株価は上値を追う展開が続いています。**トヨタ自動車（7203）**は戻りを試す動きですが、2016年は8800円を上値メドと考えています。

◉精密は業績堅調、オリンパスの連結最終利益は大幅黒字転換の見通し

精密機器は「薄曇り」予想です。**オリンパス（7733）**の精密関連装置はピークアウト、医療関連分野は好調を維持しています。2016年3月期の連結経常利益は18・3％増益、連結最終利益は大幅黒字転換が見込まれており、2016年の高値メドは5300円としました。ソニーとの連携効果が期待できます。

■オリンパス（7733）の週足チャート

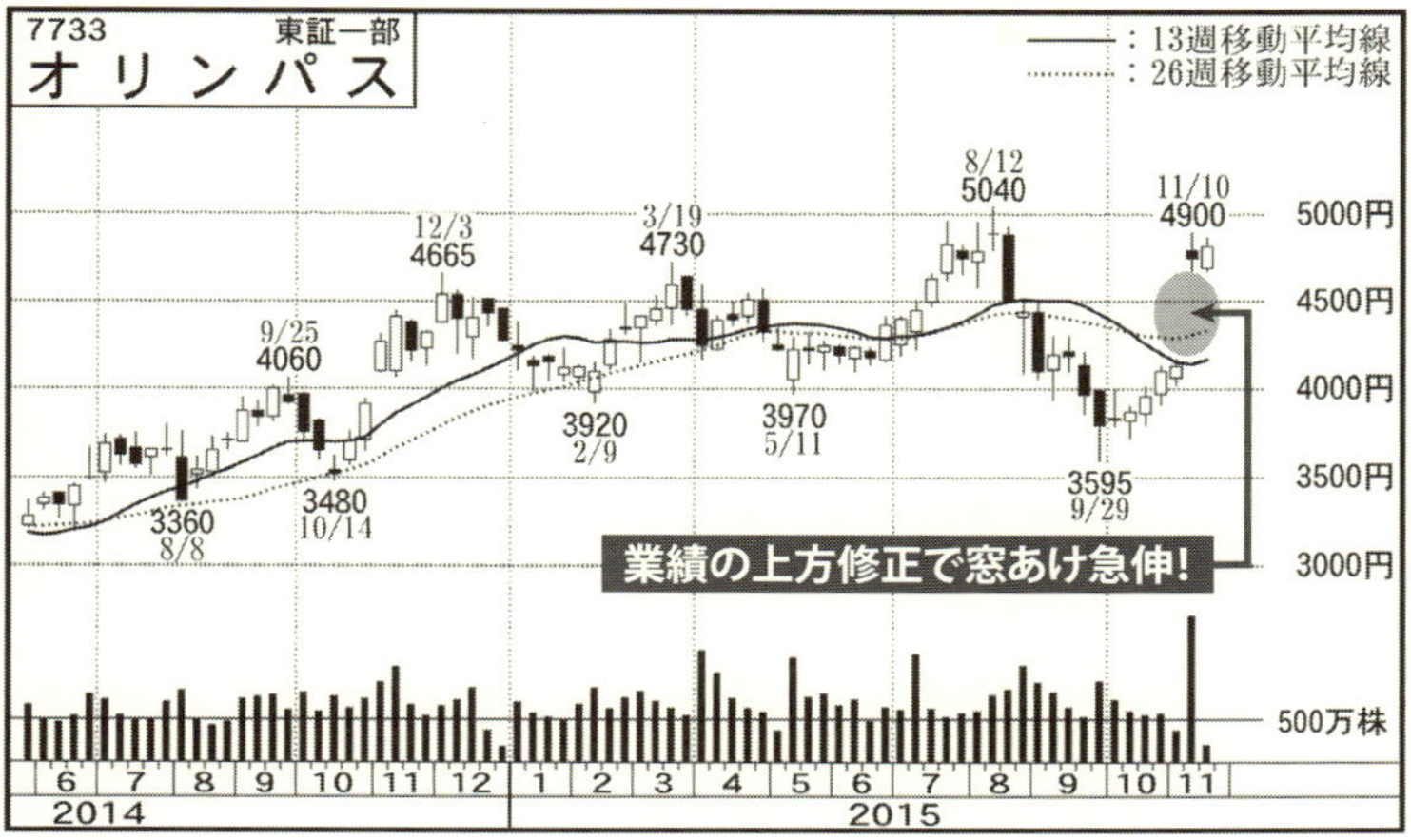

個別では**ディスコ（６１４６）**を「晴れ」マークとしました。同社は半導体、電子部品向け精密加工システムの大手ですが、２０１６年３月期の年間配当は２１８円（前期は１６０円）と大幅増配が見込まれています。

株価は２０１５年９月29日の８３００円で底打ち、10月29日には１万１１４０円と、短期で５ケタを回復しています。３月16日の高値１万２９６０円を抜けば、２０１６年の活躍が楽しみになります。

その他製品は「薄曇り」予想です。電気機器もそうですが、このセクターもひと言では語れません。IT、ソフトウェアは「快晴」です。**大日本印刷（７９１２）**の２０１６年３月期は、微増収ながら連結最終利益が11・５％増益予想と堅調。２０１６年の高値メドは１４２０円です。

このセクターで忘れてならないのは、**任天堂（７９７４）**です。２０１５年の株価は年初の１万２５１５円が、８月11日には2万６０５０円と倍以上に値上がりしました。直近でも2万円台を維持していますが、２０１６年はどのようなヒット作を生み出せるのか、期待されます。

◉電力は燃料安メリット享受、東京電力は１４８０円を指向

電気・ガス業は「晴れ」予報としました。賛否両論はありますが、原発再稼働の流れは不変です。新しい規制基準のもと、九州電力の原発（鹿児島県）が再稼働となりました。これに次ぎ、２０１５年10月26日、四国電力の伊方原発3号機（愛媛県）を再稼働させることに、同県の知事が同意しています。

原発の再稼働には安全性の向上はもちろん、政府の責任が不可欠です。これについては、安倍首相が「万が一、事故があった場合は責任をもって対処する」と明言しました。この発言により、地元自治体が再稼働に同意しやすい環境が整ったのです。

一方、２０１６年4月からスタートする電力自由化の大波はしのげそうです。逆に、自由化によって各社の競争力が高まるとの見方も出ています。

東京電力（９５０１）の２０１５年４～9月期の連結経常利益は、前年同期比50％増の

３６５1億円となり、上半期としては過去最高を記録しました。原油価格の下落で火力発電所の燃料費が大幅に減ったことに加え、電力料金の値上げ効果も大きく寄与しました。

株価は２０１５年、年初の４９９円が8月3日に９３９円まで買われ（上昇率88・２％）、直近でも８４０円前後を維持しています。ただ、これは東日大震災前の約40％水準にすぎません。株価は大勢出直り歩調にあり、２０１６年の高値メドは１４８０円としました。首都圏の電力供給会社としてのポテンシャルは大きいですね。

◉鉄道各社はインバウンド効果が顕著、海運は最悪期を脱す

陸運業界は原油安のメリットを享受しており、文句なしの「晴れ」マークです。ＪＲ３社、大都市圏の私鉄も好調です。鉄道はホテルを経営しており、インバウンド関連の中核的存在でもあります。

東日本旅客鉄道（９０２０）は日本最大の旅客鉄道会社で、「東京ステーションホテル」などのホテル事業、「ルミネ」「エキナカ」などのショッピングセンターを多角的に運営し、訪日客の利用が増えています。本業では２０１５年の春に開業した北陸新幹線が当初予想を超える効果をあげています。

２０１５年の株価は直近ベースでも年初比24％ほど値上がりしており、２０１６年の高

■東日本旅客鉄道（9020）の週足チャート

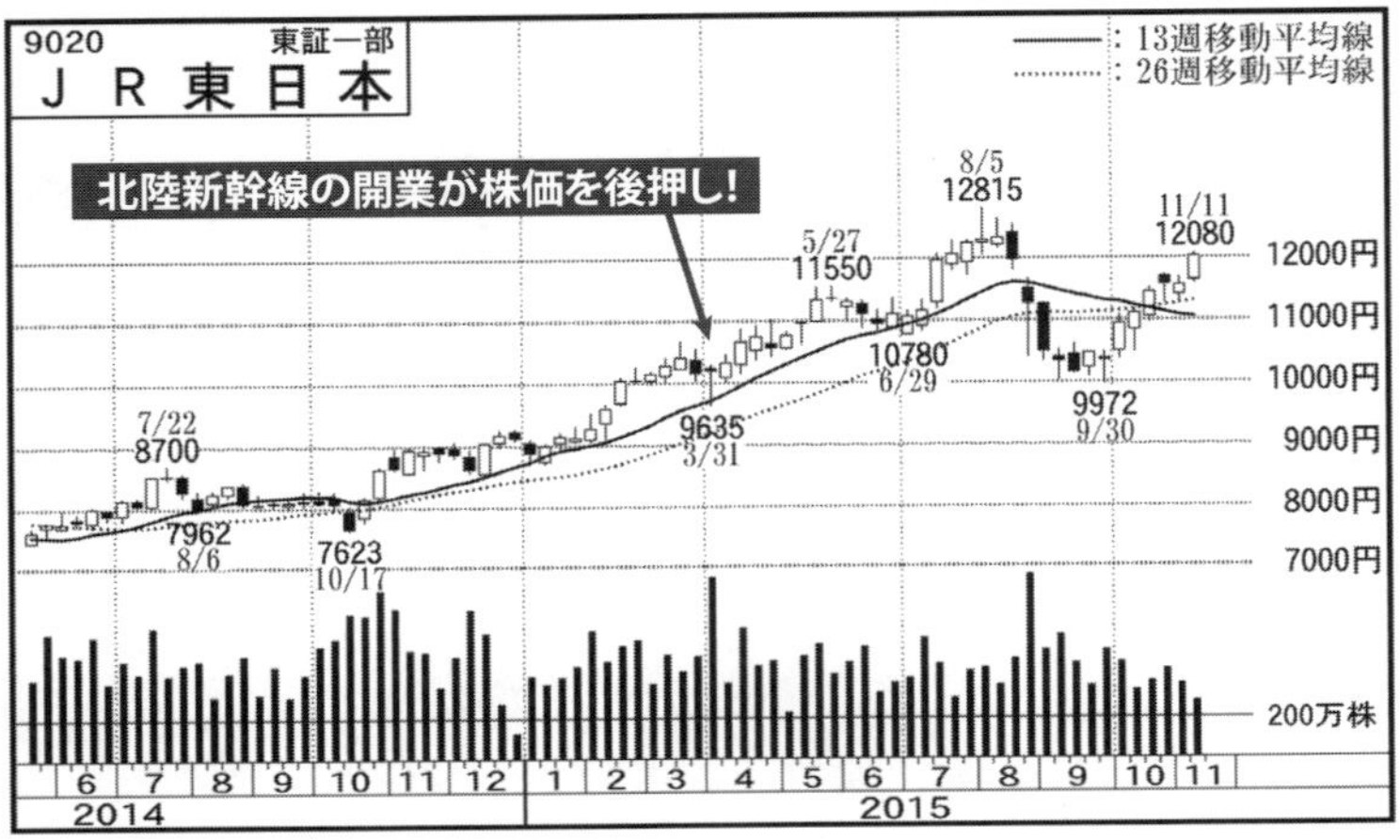

値メドは１万２８００円としました。〝東京〟が地盤なのは強みです。

海運業は「薄曇り」としました。２０１５年の業種別株価指数は33業種中、下から3番目（７・２％の下落）と低迷しました。ただ、足を引っ張った運賃市況が底入れ機運にあり、最悪期を脱したとの判断です。中国景気減速が引き続いてダメージですが、燃料費の減少はプラスに働きます。

海運業界の雄である**日本郵船（９１０１）**は、２０１５年、年初の３３６円が直近ベースで３２５円（下落率３・３％）とさえませんが、この水準の予想年間配当利回りは２・５％になります。２０１６年3月期の連結最終利益は４７０億円と前期比１・２％減益の見込みですが、２０１６年は３８０円程度の高値があっても不思議ではありません。

COLUMN

コラム……4

安倍首相にはツキがある！　運も実力のうち？

「将たる者、能力だけでなく幸運でなければならない」。フランス皇帝、ナポレオン・ボナパルトの言葉と伝えられています。

ワーテルローの戦いは、ナポレオン軍とイギリス軍が死闘を演じたことで知られていますが、ナポレオン軍は敗北しました。勝敗を分けたのは援軍到着のわずかな差でした。そのとき、ナポレオンが「天はわれを見放した」と叫んだのは有名です。

日露戦争の直前、実は、連合艦隊司令長官の席は空席でした。誰が適任かという明治天皇の問いに、山本権兵衛《やまもとごんのひょうえ》海軍大臣は、舞鶴に左遷されていた（？）東郷平八郎《とうごうへいはちろう》を推挙します。これに対し、明治天皇は「エッ？」と不満をもらしたとか。しかし、山本海軍大臣はかまわず、「彼にはツキがあります……」と。その後の結果は、皆さん、ご存じのとおりです。

さて、安倍首相の支持率は安保法制の“強行突破”を受け、大きく低下しました。ところが、その後はＴＰＰ交渉の合意、ノーベル医学・生理学賞を大村智《おおむらさとし》氏、ノーベル物理学賞を梶田隆章《かじたたかあき》氏が受賞するなどの朗報が相次ぎました。日経平均株価は、2015年9月29日の16,901円が11月19日には19,959円まで回復しています（上昇率18.1%）。

安倍首相にはツキがあります。経済重視の姿勢が鮮明となれば、支持率は回復に向かうのではないでしょうか。

「空運」は視界良好、金融セクターは軒並み晴れ「サービス」は新興勢力の台頭で快晴続く

◉航空2社はダブルメリットを享受、ともに好決算を発表

空運業は「晴れ」マークです。２０１５年の業種別株価指数でも19％以上の上昇となりました。空運業界は、訪日客の増加と燃料コストの減少というダブルメリットを享受しています。この流れは２０１６年も続くでしょう。

ＡＮＡホールディングス（９２０２）はこのダブルメリットに加え、搭乗率が改善しています。２０１５年４～９月期は連結最終利益が前年同期比51％増の５３９億円となりました。これは２０１６年３月期の連結最終利益（通期）予想を19億円上回るものです。

日本航空（９２０１）も、２０１５年４～９月期の連結最終利益が前年同期比29％増の１０３３億円となり、上半期としては過去最高を達成しました。唯一の懸念は中国、アメリカの景気先行きが不透明なことです。日本航空は２０１６年３月期の連結最終利益を上方修正しましたが、ＡＮＡホールディングスは従来予想を据え置きました。ただ、中国からの訪日客について、日本航空の植木義晴社長は、「現時点で予約は減っていない」と述

■日本航空（9201）の週足チャート

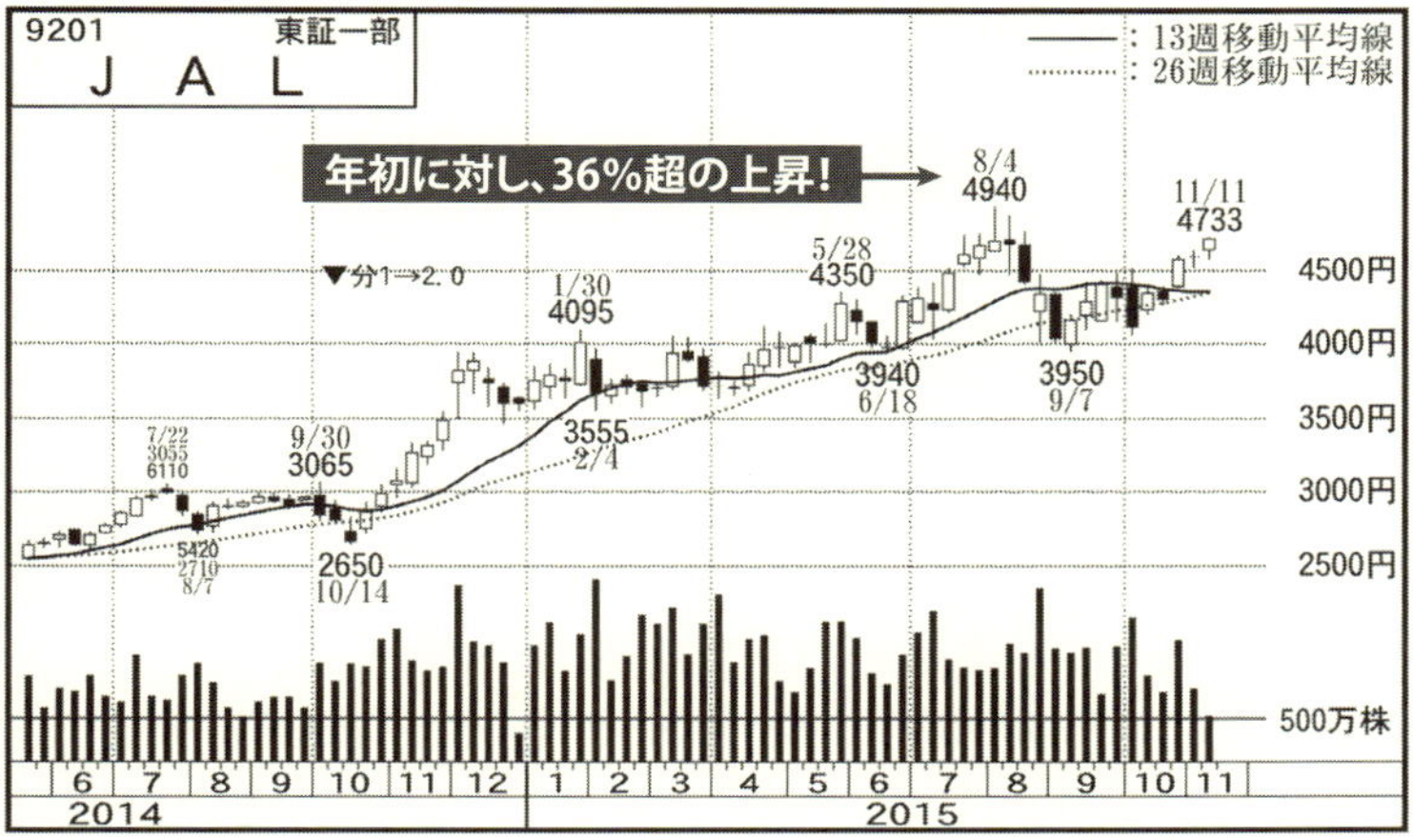

べています。

ＡＮＡホールディングスの株価は２０１５年の８月15日に４１０円まで買われています（年初比37％の値上がり）。２０１６年は、ここを抜けば５７０円程度の高値が期待できます。

倉庫・運輸関連業は「薄曇り」予想です。２０１５年の業種別株価指数はほぼ横ばいでしたが、物流に対する重要性、ニーズはますます増えそうです。

三菱倉庫（９３０１）はＴＰＰ関連との切り口に加え、首都圏に保有する土地の含みが評価されるでしょう。売上げの17％を占める不動産賃貸業は、「ダイヤモンドビル」で知られるオフィスビルを首都圏中心に多数保有しています。

２０１５年の株価は、年初の１７５０円が10月１日に１３６４円と大きく売られました。下落率

▼33業種の天気予報と主力銘柄の高値メド（2016年） …その3

業種	お天気	コード	銘柄	始値	高値	安値	直近株価	高値メド
空運		9202	ANA HD	299.3	410.0	291.2	352.7	570.0
倉庫・運輸関連業		9301	三菱倉庫	1,750.0	2,042.0	1,364.0	1,689.0	1,800.0
情報・通信		9437	NTTドコモ	1,760.0	2,873.5	1,731.0	2,273.0	2,800.0
卸売業		8058	三菱商事	2,190.0	2,837.0	1,887.5	2,230.5	2,830.0
小売業		8267	イオン	1,214.0	2,033.0	1,126.0	1,805.0	2,020.0
銀行業		8306	三菱UFJ FG	658.4	936.8	604.0	769.5	960.0
証券・商品先物取引業		8604	野村HD	684.2	909.2	609.3	763.8	980.0
保険業		8750	第一生命保険	1,820.5	2,665.0	1,533.5	2,081.5	2,660.0
その他金融業		8253	クレディセゾン	2,240.0	2,836.0	1,930.0	2,515.0	2,900.0
不動産業		8802	三菱地所	2,535.0	2,975.0	2,321.0	2,552.0	3,180.0
サービス業		9735	セコム	6,869.0	9,041.0	6,530.0	7,722.0	9,040.0

（注）お天気マークは業種に対する予報。始値、高値、安値は2015年のもの。
直近株価は同年10月29日終値。単位はすべて円

は22％を超えます。ただ、そこからの戻しは急で同月27日に１７８９円まで反発しています（上昇率31・１％）。

ただ、この水準の株価はＰＥＲが30倍台、配当利回りも０・６％程度と割安感はありません。２０１６年の高値メドは１８００円としましたが、大きく下げれば拾っていきたい銘柄です。

◉携帯３社は料金値下げ問題を乗り越えられる

情報・通信業は「晴れ」予報としました。ただ、携帯キャリア３社である**ＮＴＴドコモ（９４３７）**、**ＫＤＤＩ（９４３３）**、**ソフトバンクグループ（９９８４）**にとって、政府の通信費抑制要請はデメリットです。

安倍首相が突然言い出した携帯電話料金の引き下げ要請は、２０１６年7月に予定される参議院選挙を意識したものとの見方があります。しかし、「料金体系が複雑で分かりにくい」、「大手3社の寡占で料金が高止まりしている」などの指摘は、大多数のユーザーが同感するところです。

この問題については、総務省の有識者会議で議論が始まっています。３社は料金に対する批判に改善の姿勢を示していますが、劇的な値下げにはつながらないとの見方が有力になっています。料金値下げという不透明感はありますが、携帯3社はさらなる品質とサービスの向上でそれを乗り越えられると思います。

NTTドコモの2016年3月期は、連結最終利益が当初予測より200億円上方修正され、同年前期比19・5％の4900億円になる見通しです。同社株は2015年、最大63％超値上がりしました。2016年の高値メドは、その水準と同程度の2800円としました。安心して持てる銘柄です。

◉卸売業では高配当利回りの商社に買い目

卸売業は「薄曇り」としました。中核を担う総合商社が、資源エネルギー市況に左右されるためです。2015年の業種別株価指数を見ても9・9％の上昇と、日経平均株価とほぼ同じ水準でした。

ただ、直近ベースの予想配当利回りは**三井物産（8031）**が4・2％、**双日（2768）**が3・0％などと軒並み高配当であり、これを意識した売買が行なわれやすいセクターです。

三菱商事（8058）は2015年9月29日に1887・5円まで売られました。が、これは予想配当利回りがジャスト3・0％の水準であり、ここから株価は急反発に転じ

■イオン（8267）の週足チャート

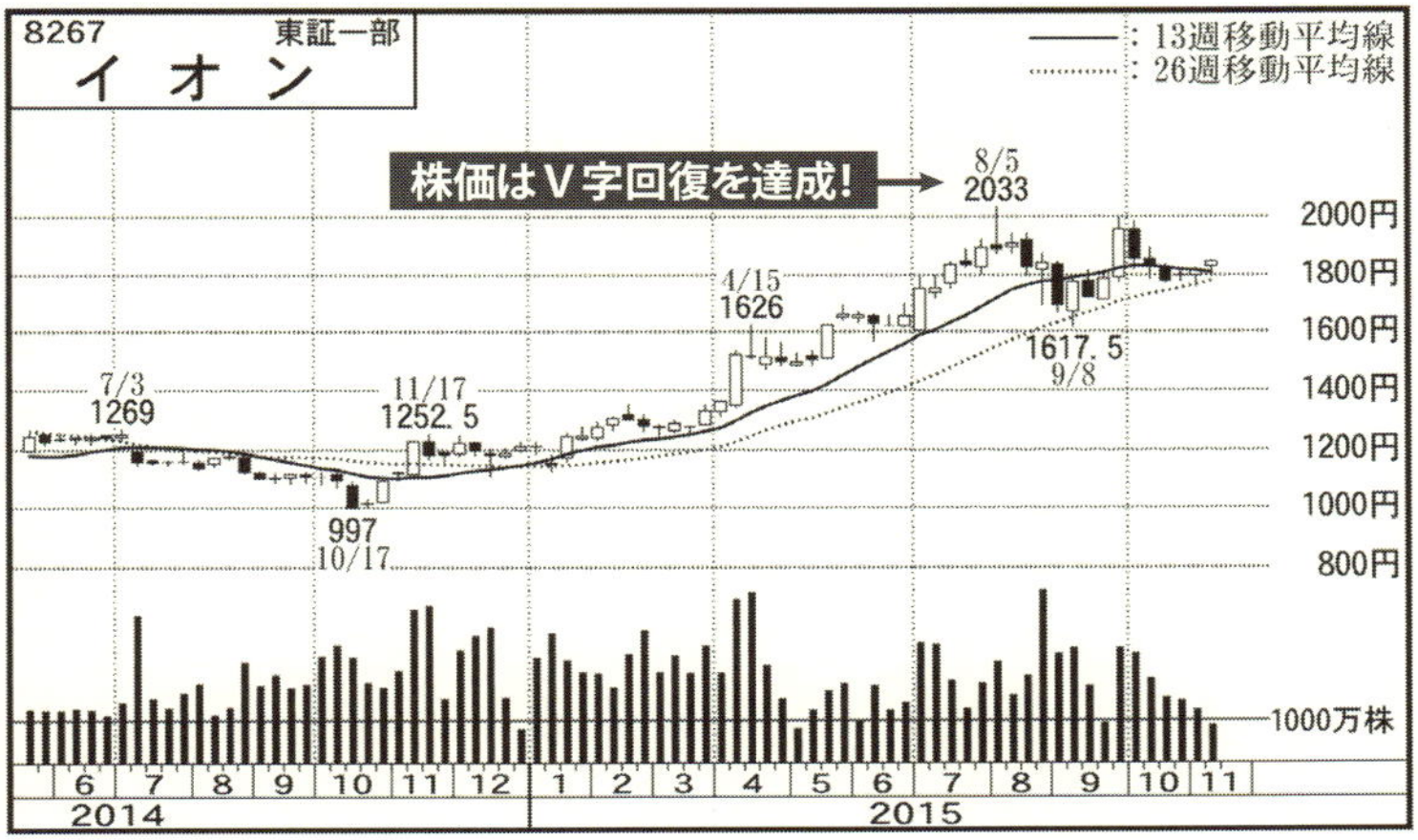

ました。同社株の２０１６年の高値メドは、２８３０円程度と考えています。

小売業も「薄曇り」予報です。先にも述べましたが、このセクターは業種別株価指数の上位３番目にランクインしています。ただ、さまざまな業態がひしめいているため、温度差が激しいのが特徴です。つまり、好調組と不振組が混在しているのです。

ニトリホールディングス（９８４３）、**スタートトゥデイ（３０９２）**、**ユナイテッドアローズ（７６０６）**などは元気ですが、**ワタミ（７５２２）**、**王将フードサービス（９９３６）**などは元気がありません。

主力銘柄の**イオン（８２６７）**は好調です。株価は、消費増税の逆風にさらされた２０１４年の10月17日に９９７円まで売られましたが、ここから上値下値を切り上げる形となり、２０１５年の8月5日には２０３３円まで値上がりしました。

まさに、V字回復です。ここにきて消費者が物価の上昇を受け入れ始めた（あきらめた？）感があります。ただ、劇的に消費ニーズが拡大するとは思えず、２０１６年の高値メドは２０２０円としました。

◉メガバンク3行の株価は天井の高さが魅力

銀行業は「晴れ」マークです。メガバンク3行は安定した収益力を維持しています。問題は地方銀行です。２０１４年の11月に**横浜銀行（８３３２）**と**東日本銀行（８５３６）**が経営統合を発表したのに続き、２０１５年10月には**足利ホールディングス（７１６７）**と**常陽銀行（８３３３）**が経営統合することを発表しました。

地方創生が叫ばれるなか、人口減少が加速化している地方圏は経済力の縮小が懸念されており、地銀の再編は２０１６年以降の大きなテーマです。

かつて不良債権問題に苦しんだメガバンク3行は、ライバル行との合併により、規模の優位性が顕著になっています。**三菱ＵＦＪフィナンシャル・グループ（８３０６）**は、２０１６年3月期の連結最終利益が1兆５００億円と高水準の収益を確保できる見通しです。

チャート的には、天井の高さ（上場来高値は2006年4月の1950円）が魅力です。自社株買いを続けています。2016年の高値メドは960円近辺とします。

証券、商品先物取引業も「晴れ」予報です。株式市場の活況に加え、投資の時代、IPOブームのメリットを受けます。2015年の業種別株価指数（直近ベース）は銀行の上昇率15・6％に対し、証券・商品先物セクターのそれは6・6％にとどまっています。

これはギリシャ・ショック→チャイナ・ショックによる株価急落が尾を引いているためで、個別の高値ベースではメガバンク3行と証券大手の上昇率はほぼ拮抗しています。

野村ホールディングス（8604）は、2015年の年初が684・2円、高値（7月21日）が909・2円で最大32・9％上昇しました。直近ベースでは11％程度の上昇率に下がっていますが、2016年は980円程度の高値があってもおかしくはない、と考えています。

◉かんぽ生命保険の上場は第一生命保険にプラスとなる

保険業も「晴れ」としました。生命保険業界には業界再編の思惑が存在します。日本生命が三井生命を傘下に収めることを決めていますが、2016年もM&Aが引き続き

■第一生命（8750）の日足チャート

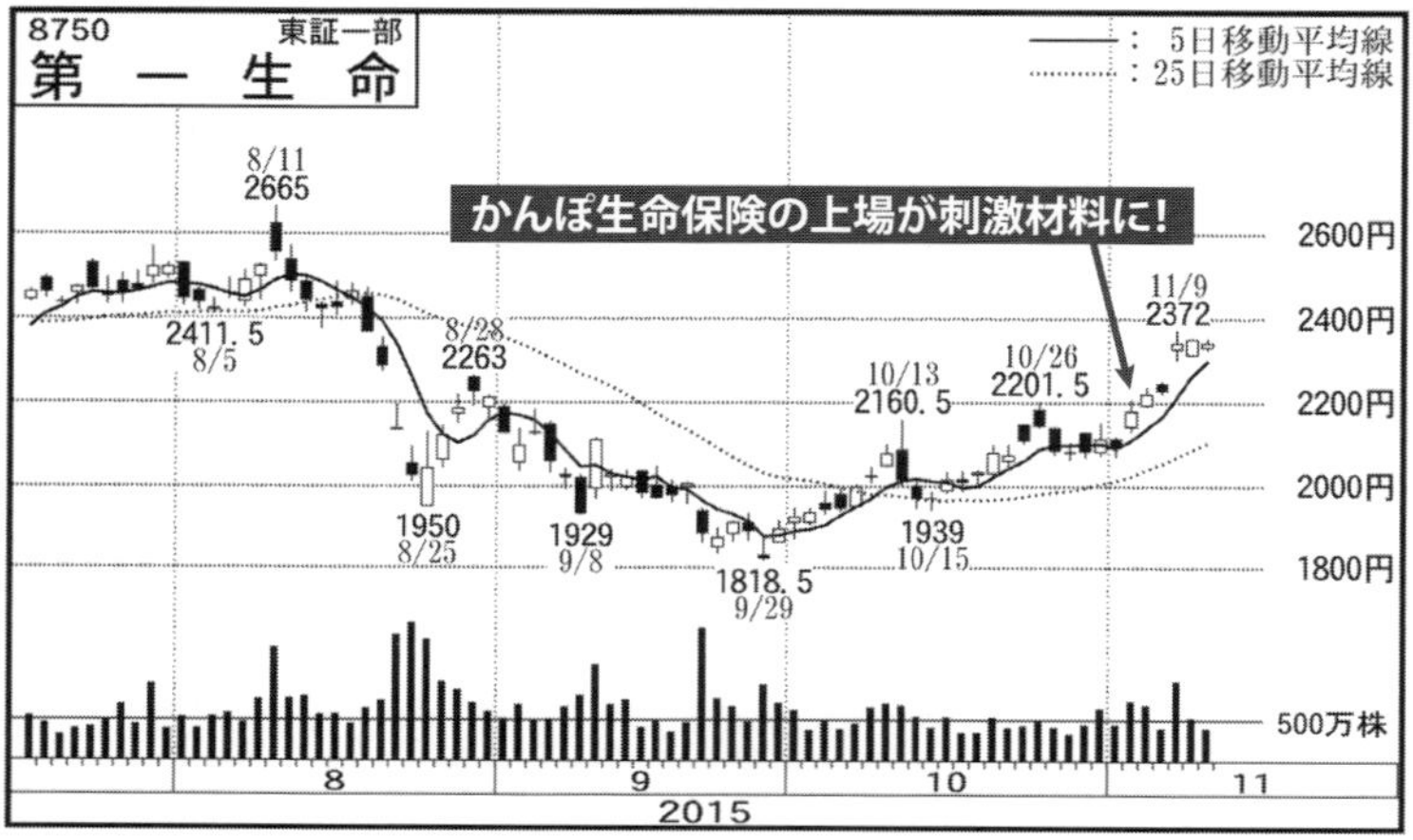

大きな関心を集めるでしょう。**第一生命保険（８７５０）**も海外でM&Aを積極化させており、海外事業が収益化しています。日生とのつばぜり合いが激化しそうです。また、２０１５年11月４日には郵政３社の一角である**かんぽ生命保険（７１８１）**が上場し、話題を集めました。これも保険セクターにはプラス材料となります。

第一生命保険は２０１５年、直近ベースで14%ほど値上がりしており、安定感が評価できます。配当政策が焦点になりますが、２０１６年の高値メドは２６６０円としました。かんぽ生命保険に負けていられません。

損保は天候不順による被害を受けましたが、損害率は改善傾向にあります。**損保ジャパン日本興亜ホールディングス（８６３０）**は、２０１６年３月期に最高益を大幅に更新する模様です。

同社は先頃、**ワタミ（７５２２）**の介護事業を２１０億円で買収しています。高齢化社会の進展を見越して、介護事業に本格参入すること決めており、今後の展開が注目されます。株価は、２０１５年5月28日につけた４７００円を再度目指す動きが期待できます。

◉その他金融は好調組多数、アコムが業績上方修正

その他金融業は「晴れ」マークです。２０１５年の業種別株価指数は、直近ベースで24・４％上昇と33業種中第4位でしたが、この勢いは２０１６年も続きそうです。消費者金融は最悪期を脱しており、リース業界は「快晴」。金融緩和のメリットを受けます。

消費者金融大手の**アコム（８５７２）**は、２０１５年４〜9月期の業種を上方修正しました。連結最終利益が、前回予想の２５2億円から３３８億円と34％増えています。株価は上昇トレンドに拍車がかかってきました。過払い金の返還問題はピークをすぎたようです。

リース業界では**オリックス（８５９１）**が好決算を発表しています。２０１５年４〜9月期の連結最終利益が１６１2億円と前年より14％増え、４〜9月期としては過去最高となりました。株価は戻り歩調にありますが、２０１５年の高値２０６０円を奪回できる動きです。

クレディセゾン（８２５３）は、２０１６年3月期の連結最終利益が３５０億円と前年

同期比2・7倍の見通しです。株価は2015年9月29日につけた2089円を起点に戻していますが、2016年は2900円近辺の高値が見込めます。

◉「サービス」セクターは老舗の健闘に加え、新興勢力が大活躍

不動産業も「晴れ」としました。首都圏改造プロジェクトのほか、東京金融センター構想、2020年東京オリンピック・パラリンピックのメリットがあります。2015年の業種別株価指数は6・8%の上昇にとどまっており、巻き返しが期待できます。

業界トップの**三菱地所（8802）**は業績堅調です。配当利回りが0・5%と低く、PER、PBR面でも割安ではありませんが、チャート的には往来相場が続いています。下値買いに妙味があり、2016年の高値メドは3180円程度を予測しています。

サービス業は「快晴」が続きます。なかでも、ツーリストは絶好調です。警備保障業界は堅調です。ゲーム、ホテルは基本的に快調です。

KNT-CTホールディングス（9726）は、傘下に近畿日本ツーリストとクラブツーリズムを持つ業界2位の旅行会社です。2016年3月期の連結最終利益は30億円と、前年の赤字が黒字転換します。株価は2015年7月9日の150円を起点に急騰を開始、10月20日には297円まで上昇しました。2016年も活躍が期待されます。

■カカクコム(2371)の日足チャート

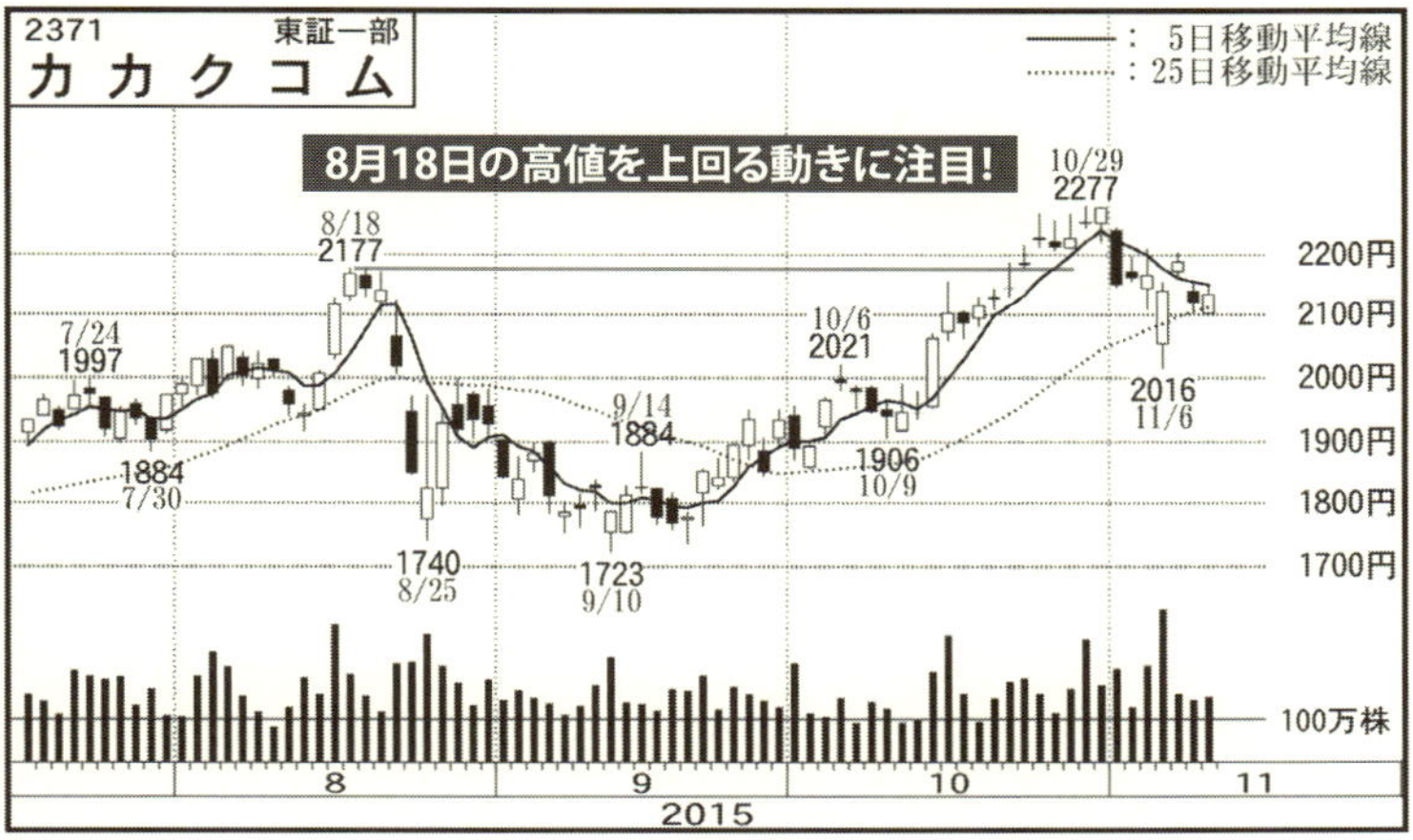

セコム（９７３５）は２０１５年の4月22日、９０４１円まで買われました。直近は７７００円前後でもみ合っていますが、２０１６年は再度９０４０円近辺を目指す展開が期待できます。

　このセクターには勢いのある妙味株があふれています。価格比較サイトなどを運営する**カカクコム（２３７１）**、飲食店検索などが人気の**ぐるなび（２４４０）**は業績が続伸しています。

　特に、カカクコムの業績は２０１６年3月期の連結最終利益が１３１億円と前期に続く20％以上の増益見通しです。好業績に加え、２０１６年以降に注目されているのは電力の自由化に伴う「電力料金の比較サイト」です。株価は２０１５年11月24日に２３９８円まで上昇、２０１３年9月につけた上場来高値２３５４円を更新しています。

COLUMN

コラム……5

申年の上昇確率は8割！

申年は、十二支の先頭から数えて９つ目の干支《えと》になります。過去の申年を振り返ってみると、1944 年は太平洋戦争が終わる１年前（連合国側ではブレトンウッズ体制の構築）、1956 年は経済白書が「もはや、戦後ではない」と記し、高度経済成長に向けて始動しました。

1968 年は共同証券、日本証券保有組合による保有株式の放出が始まり、1980 年は戦後総決算相場（バブル）がスタートしています。そして、1992 年はバブル崩壊の後遺症に悩まされ、2004 年は年金を取り巻く問題（政治家の未納など）がクローズアップされました。いずれも、時代の大きな転換点となっています。

ちなみに、申年の日経平均株価はどのような値動きだったでしょうか。大発会（年初）と大納会（年末）の終値を調べてみると、1956 年が 428 円→ 549 円（上昇率 28.3%）、1968 年が 1,266 円→ 1,714 円（上昇率 35.4%）、1980 年が 6,560 円→ 7,116 円（上昇率 8.5%）、1992 年が 23,801 円→ 16,924 円（下落率 28.9%）、2004 年が 10,825 円→ 11,488 円（上昇率 6.1%）となっています。

これを見ると、過去５回の申年のうち、４回が値上がりし、１回だけ値下がりしたことになります。ローソク足（年足）でいえば４回が陽線、１回が陰線だったわけです。単純にいえば、年間の上昇確率８割ですが、さて 2016 年はどのような結果になるのでしょうか。

《第3章》

2016年のテーマ&世相を探る!

世界的な金融緩和の流れは不変
世界景気は回復に向かう！

◉有利子負債の多い企業には追い風となる

この章では、２０１６年に注目されるテーマと世相について考えてみたいと思います。世相とは世の中のありさま、社会の様子のことです。株式投資で儲けるためには、世の中の流れ（時流）に乗った銘柄を探し出し、買いを入れなければいけません。

まず、世界に目を向けると、ＥＣＢ（欧州中央銀行）は政策金利の引き下げを準備しています。２０１５年11月上旬時点でＥＣＢは政策金利を過去最低水準に据え置いていますが、今後、政策内容を見直す可能性が高まっているのです。

これは、中国景気の減速により、景況感が世界的に悪化する傾向にあること、輸出の減少で欧州景気が下振れするリスクが高まったためです。

２０１５年10月22日、ＥＣＢのドラギ総裁はインフレ期待が低下したことを指摘し、預金金利の引き下げなどについて引き続き検討する姿勢を見せました。この総裁の発言は、国債の利回りの低下（ドイツの10年債利回りが一時０・５％を下回る）を招き、欧州株式市場では株価が上昇しました。

なお、ＥＣＢは量的緩和を導入しています。国債を大量購入して資金を市場に供給するもので、２０１５年３月から少なくとも２０１６年９月にかけ、毎月６００億ユーロ（約８兆円）規模のユーロ買いを実施する見込みです。

中国については先にも述べましたが、２０１５年に６回の利下げを断行しました。10月23日に実施した利下げでは、１年物定期預金の基準貸出金利が0・25％引き下げられ、4・35％になったのです。預金準備率は０・５％引き下げられ、17・５％になっています。

ただ、この程度の利下げでは株安を一時的に止める程度の効果しかなく、さらなる利下げが必要だと指摘する専門家もいます。

日銀は２０１６年も異次元の金融緩和を継続します。一方、ＦＲＢ（米連邦制度準備理事会）の利上げは、小幅かつゆるやかに行なわれるでしょう。

２０１６年は、アメリカを除けば世界的な金融緩和が広がる流れになりそうです。**三菱ＵＦＪフィナンシャル・グループ（８３０６）**、**三井住友フィナンシャルグループ（８３１６）**、**みずほフィナンシャルグループ（８４１１）**のメガバンク3行、再編機運が高まっている地方銀行には追い風となるでしょう。

特に注目しているのは**オリックス（８５９１）**、**東京センチュリーリース（８４３９）**、

ヒューリック（3003）の3銘柄です。

オリックスは国内トップの総合リース企業で、住宅・不動産などにも積極的です。有利子負債が4兆4177億円あり、金利の低下は収益力のアップにつながります。2016年の株価は、2015年6月2日の高値2060円をクリアできる公算が大きいと思います。

ヒューリックは、首都圏を中心に展開する不動産・デベロッパーです。賃貸事業が好調で、業績が伸びています。2015年1～9月期の連結最終利益が、前年同期比35％増の304億円となり、最高益を更新しました。

直近株価は1000円前後と低迷していますが、2016年は2015年の4月8日につけた1456円にどこまで接近できるかが当面の目標となります。有利子負債は4732億円となっています。

◉資源・エネルギー市況は底入れする

主要国・主要地域の政策効果を受け、世界景気が回復に向かうにつれて、資源・エネルギー市況は底入れするでしょう。原油価格の反発は、オイルマネーを元気にします。

このテーマで注目しているのは株価を刺激する**丸紅（8002）**、**双日（2768）**です。**マツダ（7261）**はオイルマネーの売りに急落しました。その反動が期待できます。

■WTI原油先物の週足チャート

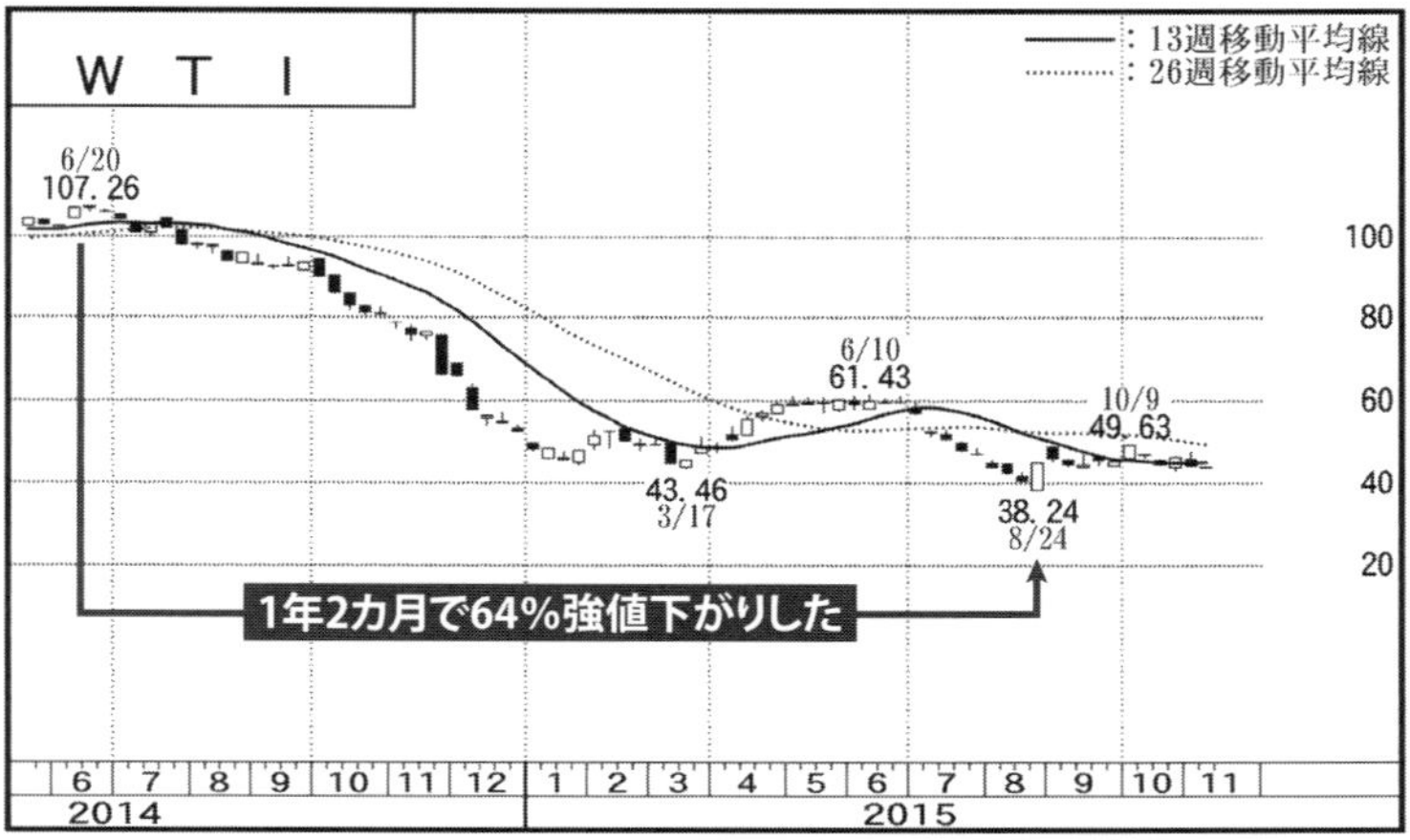

原油価格は２０１５年6月を戻り高値に急落しました。中国の景気減速の影響もありますが、基本は需給の悪化です。すなわち、供給過剰なのです。

しかし、サウジアラビアなどは増産を続けています。この背景には①ＯＰＥＣ（石油輸出国機構）の生産シェア４割を死守する、②イエメンの反政府組織を支援するイランの資金源を封じる、③シェールガス・オイルの開発を抑制する――などがあります。

ただ、産油国はどこも財政的には限界です。それに、シェールガス・オイルの掘削リグ（基地）はピークの１６０９基（２０１４年６月）が２０１５年11月には５７８基まで減少しました。今後は生産が落ちてくるのではないでしょうか。

COLUMN

コラム……6

芸能人の結婚ラッシュと「新3本の矢」

芸能界は結婚ラッシュです。2015年は特に“大物”の結婚、婚約が相次ぎました。「この際、私たちも……」と決断するカップルが多くなるのではないでしょうか。

何しろ、同年8月以降、山本耕史・堀北真希、上地雄輔・高校同級生、吉澤ひとみ・IT経営者、国分太一・元TBS社員、高嶋政伸・医師、福山雅治・吹石一恵、千原ジュニア・一般女性、北山陽一・佐田詠夢、田中裕二・山口もえ——などと続いています。

その他にもDAIGO・北川景子、片岡愛之助・藤原紀香の熱愛→結婚話が大きく報じられています。この種の話題は世の中を明るくします。

安倍政権は、2015年の秋以降、政策の主軸を経済に切り替え、「新3本の矢」を打ち出しました。日本は急速な少子・高齢化社会を迎えています。就業者を確保し、社会保障体制を維持するためには出生率の引き上げが欠かせません。

このためには結婚適齢期の男女を中心に、結婚願望を高める必要があります。その点、このところの芸能界の結婚ラッシュは、「新3本の矢」にとって追い風となります。

関連業界としては婚活サービス、結婚式場、ホテル、美容・化粧品、宝飾品、旅行などをピックアップできます。対象企業が多く、その波及効果は絶大です。2016年は、このなかからいくつもの出世株が“誕生”しそうです。

成長戦略なくして株高なし！「一億総活躍社会」の実現は国策

◉株式投資では政治がすべてに優先する

２０１５年の10月7日に第３次安倍改造内閣が発足し、安倍首相は記者会見で「これからも経済優先だ。経済政策をいっそう強化していかなければならない」と述べました。内閣改造は２０１４年12月発足の第３次安倍内閣では初めてとなりますが、麻生太郎副総理・財務相、甘利明経済財政・再生相ら核となる閣僚９人を続投させ、経済政策「アベノミクス」を推進させる方針です。

安倍首相はこの改造内閣について、「未来へ挑戦する内閣だ」と胸を張り、日本の未来を切り開く新たな国づくりとして、「一億総活躍社会」を目指す決意を明らかにしました。

一億総活躍社会については、「抽象的で分かりにくい」、「太平洋戦争中の一億総玉砕を思い出させる」、「年を取っても死ぬまで働けというのか」などと批判が続出しました。心情的にそのような気持ちも理解できないことはありませんが、これは「国策」なのです。

相場で最も重要なのは、「国策には逆らうな！」ということです。国家があってこそ、企業も家庭生活も成り立ちます。株式投資においては、国策、すなわち国家の政策には素直に従うことが成功につながります。

スローガンの言葉が気に入らない、嫌いだなどと感情論で判断してはダメです。国策に反する投資をして儲けられるはずがありません。

２０１２年12月に発足した第２次安倍内閣は、アベノミクスという経済政策を掲げ、３本の矢を打ち出しました。「円高是正、株高」が国策だったのです。株式投資ではもちろん「買い」が正解です。

これを理解せず、あるいはアベノミクスなどというキャッチフレーズが気に入らないとして、株価が上昇を始めたのにカラ売りをした投資家は大ヤケドを負ったではありませんか。筆者は、そんな〝へそ曲がり〟な投資家を何人も知っています。

物色テーマにおいても、例えば東日本大震災後、エネルギー再生法の施行によって、風力発電、太陽光発電などの関連銘柄が急騰した経緯があります。しかし、その後、発電の買い取り価格が低下し、関連銘柄は急落しました。発電コストを10年間で２分の１水準まで引き下げることが国の目標になっているからです。すなわち、これが国策です。

株式投資においては、政治がすべてに優先します。したがって、国策には逆らわないことが肝要です。

1億総活躍社会の実現に向けた安倍政権の新3本の矢

①	**希望を生み出す強い経済** ➡GDPを500兆円から600兆円に増やす（2020年頃）
②	**夢をつむぐ子育て支援** ➡出生率を1.4から1.8に伸ばす（2020年代半ば）
③	**安心につながる社会保障** ➡家族の介護のために離職する人をゼロにする（2020年代初頭）

一億総活躍社会とは、人口1億人規模を50年後も維持し、若者だけでなく高齢者、障害者など誰もが活躍できる社会づくりのことです。

この目標の実現に向けて「新3本の矢」として、「希望を生み出す強い経済」（第1の矢）、「夢をつむぐ子育て支援」（第2の矢）、「安心につながる社会保障」（第3の矢）を掲げました。家族形態については、「北陸モデル」（3世代同居）の導入です。

このほか安倍首相は、「女性が輝く社会づくりも一億総活躍社会の中核としてチャレンジしていく」と語っています。この方向性をよく認識しておく必要があります。

労働人口の減少が懸念されるなか、女性のさらなる社会進出が求められているのです。そう、これがトレンドです。株式市場がさらに発展を遂げるためには、これらの成長戦略が不可欠なのです。

◉GDP600兆円の実現は優良企業を飛躍させる

アベノミクスは、「大胆な金融政策」「機動的な財政政策」「投資を喚起する成長戦略」が最初の3本の矢でした。新3本の矢は、これらを着実に実行するためのミッション（必達目標）と理解することができます。

安倍政権は第1の矢として、2020年頃に名目GDPを600兆円にする目標を掲げました。これは現在の500兆円水準に対し、2割増の金額であり、かなり高いハードルです。5年間に、年率3・4％超の成長率が必要となります。年率3％の成長だと、6年かかる計算です。

これを実現させるためには大胆な規制改革、日銀の〃強力な協力〃などが不可欠です。この目標は2016年の7月に予定される参議院選挙目当ての大風呂敷などではなく、希望を生み出すために必要な強い経済にするのだというメッセージでしょう。

一億総活躍担当の加藤勝信大臣は、「第1の矢の実現に向けては、さらなる雇用拡大、

■ 名目GDPの直近値と2020年までの推計

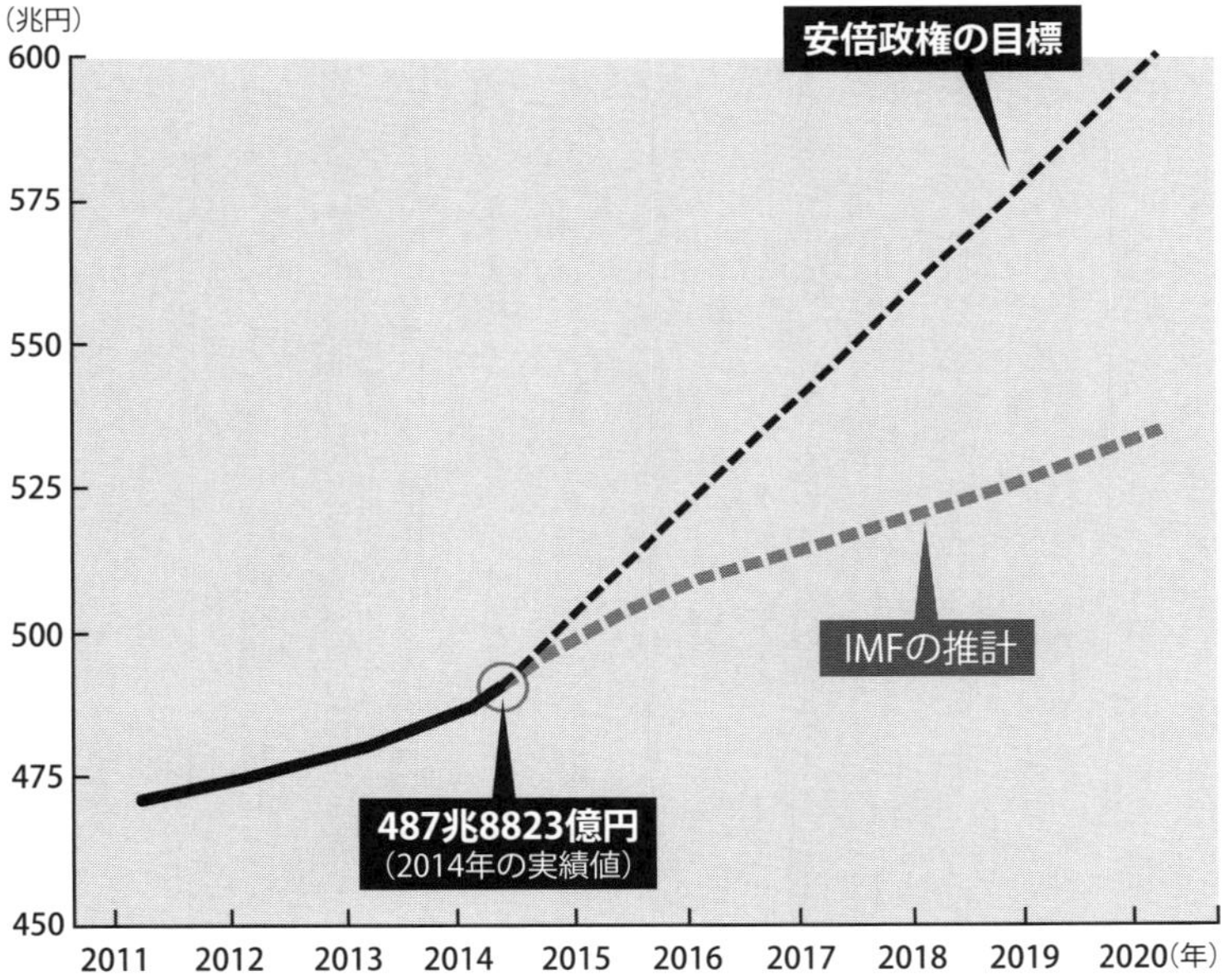

[出所]IMF

賃金上昇、消費拡大をはかり、アベノミクスの成長の果実を国民一人ひとりの安心、将来の夢につなげていくことが重要」と新聞紙上で述べています。

ＧＤＰが増えれば全産業的にメリットを受けます。なかでもＧＤＰの伸びとともに時価総額を増やすことができる企業に魅力を感じます。具体的には、各業界のリーダー的存在として高いシェアを握る企業が時価総額を増やしていくでしょう。

ＧＤＰ６００兆円（第１の矢）関連銘柄を３つに絞るとすれば、**清水建設（１８０３）**、**日**

立製作所（6501）、ナブテスコ（6268）になります。

清水建設はスーパーゼネコンの一角ですが、高層のオフィスビル建築に定評があり、横浜スタジアムなどイベント会場の施工実績も豊富です。首都圏大改造、東京オリンピック・パラリンピックなどで時価総額（直近は8381億円）を大きく伸ばすでしょう。2016年は直近株価の3割高、1300円台を目指す動きが期待できます。

日立製作所は、2015年4~9月期の連結最終利益が970億円となり、従来予想の700億円を上方修正しました。ただ、これは前年同期比18%減の数字です。インフラ関連の受注が好調で、大幅な人員の配置転換など構造改革も進めています。

2015年は、株価的に厳しい年でした。年初の900・6円が直近で688・7円と23%超下落しています。しかし、2016年は底値固めが終了すれば、売られすぎた反動高の動きが出ると考えています。900円台回復が狙えます。

ナブテスコは先の2銘柄と異なり知名度はイマイチですが、世界、および日本でトップシェア製品を複数有する機械メーカーです。世界シェアトップ製品には産業用ロボット向け精密減速機などがあり、国内のシェアトップ製品には鉄道車両向けブレーキ装置やドア開閉装置などがあります。

同社の時価総額は直近ベースで3132億円、株価は2015年1月5日の2943円が11月2日には2310円と21％超値下がりしています。2016年は相当な水準訂正高が見込めます。

◉夢をつむぐ子育て支援で浮上する育児関連銘柄

現在1・4％の出生率を1・8％に増やす――これが第2の矢の目標です。時期は2020年代半ばとしています。少子化の急速な進展は、消費の減少など日本経済に深刻な影響を与えており、少子化対策の推進が急務であることは間違いありません。

政府はそのために、子育てにやさしい社会づくりを目指すとして、待機児童ゼロの実現、幼児教育の無償化の拡大などの取り組みを進めるとしています。最近、マンションなどでもできる小人数の〝託児所〟が認可されました。ただ、この問題は長年懸案となってきましたが、実効性がなかなか上がりません。

少子化対策を推進させるためには子育て対策がもちろん大切ですが、国・自治体レベルの〝婚活支援〟なども必要です。具体的な動きはまだ聞こえてきませんが、出生率を本気で増やそうと思うのであれば、官民挙げてアイデアを出し合わなければいけません。この問題は抜本的、かつ画期的な施策を早急に講じなければ、掛け声倒れになってしまいます。その強い覚悟、決意があまり伝わってこないのは残念です。

それはともかく、夢をつむぐ子育て支援という目標には、育児関連銘柄が浮上します。このセクターは、中国共産党が「一人っ子政策」の撤廃を発表したことで人気化しましたが、出生率が増加するとなれば息の長いテーマになる可能性を秘めています。その意味では、目先勝負というより、長期・逆張り姿勢で安いところをじっくり腰をすえて買っていくやり方が奏効するでしょう。

銘柄としては、**幼児活動研究会（2152）**、**ユニ・チャーム（8113）**、**明治ホールディングス（2269）**に注目できます。

ユニ・チャームは、紙おむつ「ムーニー」などのベビーケア用品が人気です。株価は2015年3月の3398円が5月14日に2590円、7月24日の3145円が10月1日に2045円と2段下げになってしまいました。しかし、ようやく反転機運が出てきました。2016年はテーマに後押しされ、どこまで戻すか楽しみです。

明治ホールディングスの事業は多岐にわたっていますが、粉ミルク、ベビーフードなど健康栄養食品も事業を支える柱の1つです。中国の富裕層を中心に、アジアでは安全面から日本製の粉ミルクが人気を集めています。チャートは上昇トレンドを維持しています。ただ、売買単位は100株ですが、値がさ株のため1回当たりの売買代金がかさみます。その点は注意が必要で、押し目買いに徹したいところです。

◉介護離職ゼロ政策は意外な銘柄が恩恵を受ける

第3の矢として、介護離職ゼロも政策目標にしました。これは「1億総活躍社会」に向けての施策に通じます。仕事を続けたくても、介護のためにやむなく離職する人が増えています。その数は、年に10万人ともいわれています。

これは国民個人と経済の両面で大きな損失となります。すなわち、個人としてはせっかく長い時間をかけて仕事をマスターして人脈も形成したのに、そのキャリアを捨てるのはもったいない話です。

経済の面では優秀な働き手（人材）が減ると同時に、消費が冷え込む要因にもつながります。仕事をやめた人の多くは所得がなくなってしまいますので、基本的に必要最低限のものしか購入しない（できない）のです。

介護離職を生じさせないためには、介護費用の負担が少ない施設の整備とともに、介護休暇を取りやすい状況をつくり出すことが求められます。ただ、特別養護老人ホームの土地取得費と建設費には大きなお金がかかるため、財政との兼ね合いが難問です。

もとより、介護離職を生じさせないためには、介護を必要とする人を増やさないことが求められます。それを実現するには、予防に重点を置いた医療、お金の負担が少ない医療施設の整備や薬の開発などが不可欠となります。

安心につながる社会保障、介護離職ゼロに関連する銘柄としては**沢井製薬（４５５５）**、**小野薬品工業（４５２８）**、**ＪＰホールディングス（２７４９）**、**健康コーポレーション（２９２８）**に注目できます。

◉国土強靭化計画は日本を変え、リニア中央新幹線は〝世界〟を変える！

成長戦略という観点では、国土強靭化計画もフォローの風となります。橋梁、トンネルなど社会インフラは全国的に老朽化が著しく、抜本的なメンテナンスが不可欠です。山の土砂災害やがけ崩れ、河川の氾濫《はんらん》も深刻です。２０１４年の８月には広島県の安佐南区と安佐北区を中心とする住宅地で豪雨による土砂災害が起こり、75名の尊い命が奪われました。また、２０１５年の９月には鬼怒川の堤防が決壊し、茨城県常総市を中心に大きな被害が発生しています。

国土強靭化計画には防災、減災という〝大義名分〟があると同時に、名目３％成長（ＧＤＰ６００兆円の達成）を目指す安倍政権の新３本の矢が強力なエンジンとなります。

さらに、２０２７年のリニア中央新幹線開通によって、東京（品川）―名古屋間（２８６キロメートル）が40分で結ばれます。これにより、太平洋ベルト地帯が一体化します。

■リニア中央新幹線のルート

すでに品川駅、南アルプストンネルなどの工事が始まっています。

工事の最難関と見られているのが南アルプスを貫くトンネルです。山梨、静岡、長野3県を貫く南アルプストンネルは、全長約25キロメートルと世界でも最長クラスの規模になります。品川—名古屋間の総工費は約5兆5000億円とされていますが、このうち土木関連の工事が約4兆円を占めます。

リニアはルートの約9割がトンネルになります。南アルプストンネル（山梨県側）は**大成建設**（1801）、**銭高組**（1811）、佐藤工業（非上場）が受注しています。

筆者は東日本大震災発生直後より、「リ

■東海旅客鉄道(9022)の週足チャート

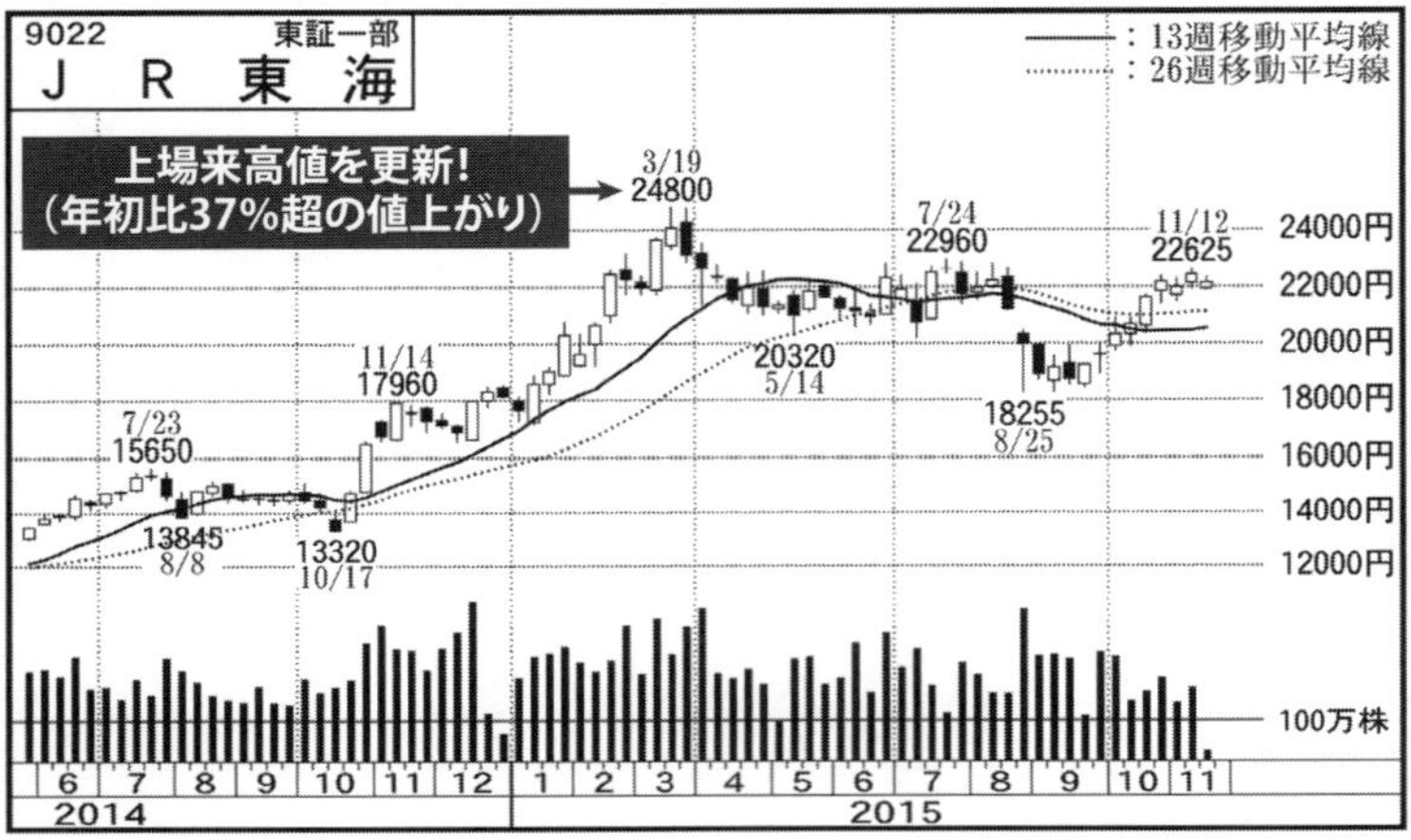

ニア中央新幹線は日本を救う!」と主張してきました。しかし、あれから5年近い月日が経過した現在、リニア中央新幹線を取り巻く事情は大きく進展しています。そう、「リニア中央新幹線は〝世界〟を変える!」可能性があるのです。

先進国を中心に、世界各国で環境にやさしく、安全で速い高速鉄道網のニーズが高まっています。現に、**東海旅客鉄道（９０２２）**が、アメリカでリニア新幹線の〝売り込み〟を始めています。日本のリニア中央新幹線が成功すれば、世界中が注目します。新幹線の〝真似〟は中国にもできますが、リニアの技術・システムはどこも真似をすることができません。

関連銘柄として注目しているのは、佐藤工業に49.9%出資（親会社）している**川田テクノロジーズ（３４４３）**です。

改革2020プロジェクトは国策中の国策！関連テーマには投資のヒントが詰まっている

◉2020年には大手が自動運転の市販車を投入！

「改革2020プロジェクト」は、2015年6月30日に閣議決定された新たな成長戦略「未来投資による生産性革命」「ローカル・アベノミクスの推進」に関連する施策と並んで、カギとなる施策として掲げられました。

2020年に、東京オリンピック・パラリンピックが開催されます。これを目標として、成長戦略に盛り込まれた施策を加速させるために、以下のようなプロジェクトがスタートしています。

①次世代交通システム・自動走行技術の普及、促進
②先端ロボット技術による未来社会の実現
③分散型エネルギー資源の活用
④高品質の医療技術の国際展開

⑤観光立国の構築・受け入れ体制の強化
⑥対日投資拡大に向けた都市力の向上
⑦サイバーセキュリティの抜本的な対策
⑧マイナンバー制度の利用範囲の拡大
⑨東京五輪の官民プロジェクトの促進

これらのプロジェクトは、いずれも「国策中の国策」といえます。ここには、投資のヒントになる〝ネタ〟が豊富にあります。2016年相場でがっちり儲けるためには、見逃すことができません。

これらのうち、2016年に相場の人気テーマとなり得るテーマと関連銘柄は以下のとおりです。

まず、「次世代交通システム・自動走行技術の普及、促進」プロジェクトは、すでに動きが活発化しています。

2020年には**トヨタ自動車（7203）**、**ホンダ（7267）**、**日産自動車（7201）**などが自動運転の市販車を販売します。2060年には職業ドライバーが不要になるかもしれないとの見方もあり、グーグルなどもこの市場に参入しています。技術的にはZMP

■アイサンテクノロジー（4667）の週足チャート

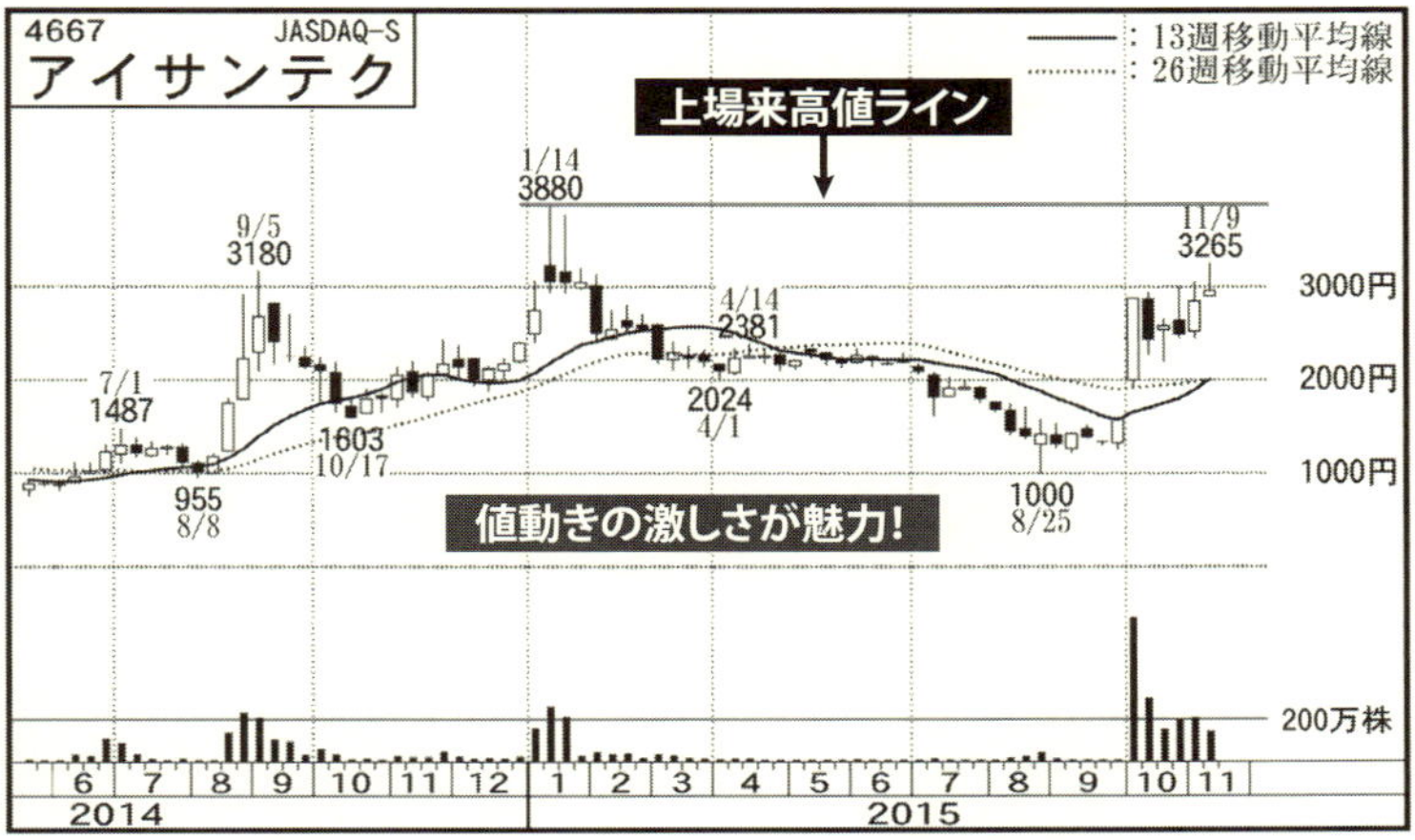

（非上場だが、2016年中には上場？）が先行しています。ZMPとは、同社のホームページによれば、ゼロモーメントポイント（Zero Moment Point）の略で、二足歩行ロボットの歩行を実現させるために最も重要なポイント（技術システム）のことだとされています。そして、これを社名にしたのは、ロボット分野で最も重要な存在になることを目指しているためだと説明しています。

この自動走行プロジェクトで特に注目しているのは、**アイサンテクノロジー（4667）**、**ネクスグループ（6634）**、**アートスパークホールディングス（3663）**、**ダブル・スコープ（6619）**などです。

アイサンテクノロジーは測量・土木関連のソフトウェア開発会社ですが、ZMP、名古屋大学と連携し、自動運転の公道実証実験をスタートさせています。

◉少子・高齢化社会の進展が介護ロボットの需要を拡大

「先端ロボット技術による未来社会の実現」については、少子・高齢化社会の進展が介護ロボットの需要を拡大させます。人工知能などが活躍し、介護ロボットの機能・性能は進化し続けると思います。また、何かと話題のドローンは、2016年に本格普及元年を迎えるでしょう。

CYBERDYNE（7779）は医療、介護、生活支援分野で活用されるロボットスーツ「HAL」の開発に注力しており、今後の展開が期待されています。

菊池製作所（3444）は金型の設計・製作が本業ですが、新規事業として介護・物流用の装着型マッスルスーツ、災害対策用ロボットの開発を行なっています。

ハーモニック・ドライブ・システムズ（6324）は、精密減速機メーカーとして実績を上げており（小型の精密減速機で世界トップ）、その技術を産業用・人間型ロボットの開発に生かそうと注力しています。株価は2015年11月13日に2492円まで回復し、戻り足を速めています。

◉60年ぶりの電力改革が本格始動！

２０１６年4月には電力販売（小売り）が自由化されます。すでに、第1弾の40社が認可されています。二酸化炭素削減に向けての取り組みも求められています。

注目している関連銘柄には、**イーレックス（９５１７）**、**明星工業（１９７６）**、**Ｊ－ＰＯＷＥＲ（９５１３）**、**東京ガス（９５３１）**があります。

60年ぶりの電力改革は、実は国内最大手のガス会社である東京ガスにとって、大きなビジネスチャンスとなります。これまで同社と東京電力は、首都圏で競合することをお互いに避けてきました。しかし、これからはエネルギー会社として顧客を奪い合う事態が予想されます。守る東電に対し、攻める東ガスに追い風が吹きそうです。

◉インバウンド↓観光立国構想

訪日客（外国人観光客）は２０１４年に１３４３万人と激増。２０１５年は１７００万人超になる見込みです。２０２０年には２０００万人を目標にしていますが、２５００万人、３０００万人も達成可能です。

ドンキホーテホールディングス（７５３２）、**ラオックス（８２０２）**、**エイチ・アイ・エス（９６０３）**、**共立メンテナンス（９６１６）**は、２０１６年以降も活躍が期待できます。なかでも共立メンテナンスは展開するビジネスホテル（ドーミーイン）が好調です。株価は２０１５年11月13日に９２８０円と年初来高値を更新しています。この強い動きには要注目です。

◉マイナンバー制度＆情報セキュリティ

マイナンバー制度の導入は、情報セキュリティ構築の重要性を改めてクローズアップさせました。アメリカでは、「なりすまし」によって年間５兆円の被害が出ているといわれています。

この関連では**ベリサーブ（３７２４）**、**日本ラッド（４７３６）**、**ジグソー（３９１４）**、**富士通（６７０２）**、**アイネス（９７４２）**に注目しています。特に、ジグソーは２０１５年４月30日に上場したばかりのニューフェースですが、同年11月12日に１万６１５０円と上場来高値を更新中です。初値に対し、倍化を果たしました。ネットワークの保守会社として、２０１６年も大いに活躍しそうです。

このほか、２０１６年に物色人気が期待されるその他の有望テーマ、および注目銘柄は別表のとおりです。水素社会の実現は国策です。関連銘柄の株価は〝休養〟していますが、２０１６年には再び人気化するのではありませんか。

■ 2016年に物色人気が期待されるその他の有望テーマと注目銘柄

有望テーマ	注目銘柄(コード)
盛り上がるIT投資&設備投資	SCSK(9719) キーエンス(6861)
オムニチャネル(リアル店舗とネットの連携)で小売業が変貌	セブン&アイ・ホールディングス(3382) オプトホールディング(2389)
脚光浴びるGNT(グローバルニッチトップ)企業	ジェイテクト(6473) フルヤ金属(7826)
動き出したクラウドファンディング	サイバーエージェント(4751) IGポート(3791)
更新期を迎えている公共インフラ	日本信号(6741) フジテック(6406)
水素社会の実現(日本が資源国に?)	岩谷産業(8088) 三菱化工機(6331)
再生医療が現実のものになりつつある	ジャパン・ティッシュ・エンジニアリング(7774) ヘリオス(4593)
人手不足・労働市場の流動化が一段と加速	テンプホールディングス(2181) ハーモニック・ドライブ・システムズ(6324)
ローカルアベノミクスは日本再生のカギ	日本スキー場開発(6040) テーオー小笠原(9812)
首都圏交通網の再構築は東京五輪後も続く	京浜急行電鉄(9006) 相鉄ホールディングス(9003)
資産運用の多様化を反映不動産投資ファンドが活躍	ファーストブラザーズ(3454) 青山財産ネットワークス(8929)
O2O《オーツーオー》はスマホ時代の強力な販売ツール	アイリッジ(3917) テラスカイ(3915)
伸びる支援ビジネス&サーバー監視システム	エイジス(4659) ジグソー(3914)

[注]クラウドファンディングとは、不特定多数の人がネット経由で特定の組織、人々に資金の提供や協力を行なうことを指す。また、O2Oとは「On 2 Off」の略で、ネット上の情報や活動がリアル(実)店舗での購買につながることを意味する。

COLUMN

コラム……7

申年の年男、年女が経営する会社

2016年は申年《さるどし》。先にも述べましたが通説どおり、にぎやかな1年になりそうです。2015年は未年《みどし》で「未《ヒツジ》辛抱」の年でした。道理で6月下旬以降は辛抱の連続となったわけです。

それはともかく、申年の年男、年女には有名、かつ優れた経営者がいます。年男、年女にあやかって、当該企業の株式を買ってみてはいかがでしょうか。

まず、トヨタ自動車（7203）の豊田章男《とよだあきお》社長が、1956年5月3日生まれです。フォルクスワーゲンが排ガス試験不正問題という“自損事故”を起こした現在、世界一の座は揺らぎそうもありません。

日本電産（6594）の永守重信《ながもりしげのぶ》会長兼社長（1944年8月28日生まれ）もすごい人です。27歳のときに起業、1兆円企業をつくり上げました。2020年にはM&A戦略をテコに、2兆円企業を目指しています。休むのは「正月の1日だけ」といわれる猛烈経営者です。ニトリホールディングス（9843）の似鳥昭雄《にとりあきお》社長（1944年3月5日生まれ）、セブン＆アイ・ホールディングス（3382）の鈴木敏文《すずきとしふみ》会長（1932年12月1日生まれ）も申年、2016年の年男です。

年女では大塚家具（8186）の大塚久美子《おおつかくみこ》社長（1968年2月26日生まれ）がいます。経営者としての力量はまだよく分かりません。ただし、同社にとっては2015年の“騒動”の教訓を糧に、飛躍に向けての体制固めの年となるでしょう。

《第4章》

2016年のリスク要因と日本再生相場のゆくえ

株式投資は「リスクを知る者が勝つ」世界
国内外のリスクが相場に与える影響とは？

◉ギリシャ問題は2016年の夏に再燃する

2016年相場を考えるために重要なことは、リスク要因をしっかりつかんでおくことです。そう、株式投資は「リスクを知る者が勝つ」世界なのです。「いきなりリスクのことをいわれると投資意欲がそがれる」という人がいますが、それではいけません。

1つ目はギリシャ・リスクです。ギリシャでは、2015年の7月5日に国民投票が行なわれ、6割超が財政緊縮策に反対しました。これを受け、世界の株式市場はリスクオフの流れが鮮明となり、日経平均株価も7月6日に前日比427円安の2万112円で取引を終えました。この3年間にギリシャの公的年金は45%カットされました。誰だって〝痛み〟は歓迎しません。

ギリシャはユーロ圏の財政危機国を支援する基金「欧州安定メカニズム」を活用した3年の融資を求めていますが、新たな金融支援に要する金額は740億ユーロ（約10兆円）に達すると報じられています。

海外リスクのポイントを抑えておく

① ギリシャ・リスク

次の危機は2016年7月→ユーロ圏残留は不可能？
チプラス政権は決断を迫られる！

② チャイナ・リスク

景気対策を打ち出す→金融政策の余地もある！
ただし、現状は深刻！　最良の策は問題先送り？

③ アメリカ・リスク

利上げ時期が焦点→確率は低下しているものの、可能性が残る！
FRBの「法的な使命＝デュアル・マンデート」は雇用の最大化と物価の安定……なのに！

ギリシャの根本的な問題は莫大な債務を抱えていること、そしてGDP（国内総生産）が減少していることです。ギリシャ政府の債務残高は、2015年3月末時点で約3410億ユーロに達すると伝えられています。

ギリシャは産業基盤、債務返済能力がともに脆弱なため、デフォルト（債務不履行）の恐れが常にくすぶっており、その混乱のなかでユーロ圏を離脱する（旧通貨のドラクマに戻る）ことが懸念されているのです。

ギリシャ危機が最初に取り沙汰されたのは、2009年の10月に政権交代が行なわれた折に、新政権によって旧政権の赤字財政が公表されたところから始まります。こ

■ 主な欧州関連株の株価推移（2015年）

コード	銘柄	海外売上高比率（%）	始値（円）	高値（円）	安値（円）	直近値（円）
4902	コニカミノルタ	80	1,324.0	1,652.0	1,146.0	1,292.0
6586	マキタ	84	5,430.0	7,510.0	5,040.0	6,610.0
6816	アルパイン	91	1,989.0	2,729.0	1,255.0	1,659.0
7309	シマノ	90	15,600.0	20,200.0	13,240.0	19,000.0
7731	ニコン	86	1,592.0	1,809.0	1,383.0	1,662.0

［注］海外売上高比率は2015年3月期ベース。直近値は2015年11月9日終値

れにより、ギリシャ国債は暴落しました。

そして、まだ記憶に新しいところでは、２０１４年に急進左派連合が第一党となり、極右派との連立政権が誕生したことで危機を迎えます。ギリシャが債務を放棄してユーロ圏から離脱するのではないか、との懸念が広がったのです。

翌２０１５年の危機は、同年7月13日にギリシャが妥協する形でユーロ圏19カ国と金融支援の再開について合意することで、最悪のシナリオは回避されました。しかし、これは誰もが思うことですが、「問題の先送り」にすぎません。

ギリシャにとって最大の債権国はドイツですが、ギリシャの債務減免については慎重な姿勢を崩していません。ギリシャが望む借金の棒引きはもはや不可能であり、チプラス政権は重大な決断を迫られるでしょう。

２０１６年は７月頃に危機が再燃し、マーケットに大きな揺れをもたらす可能性があります。

３月にＩＭＦの支援が期限切れとなります。これが延長されなかった場合、ＥＵサイドの支援は難しくなります。そうなれば、７～８月の国債償還が困難となり、ギリシャ危機が再燃するのです。まあ、２０１６年も「Ｓｅｌｌ ｉｎ ｍａｙ」（５月に株を売れ！）の格言が生きるのではないでしょうか。

◉市場の知らないチャイナ・リスクには警戒を要す

２０１５年後半相場は、中国に振り回されたといっても過言ではないでしょう。ギリシャの国民投票で緊縮財政が否決された直後、７月８日の日経平均株価は、前日比６３８円安の１万９７３７円で引けました。年初から急騰を続けていた中国株が急落し、株安の連鎖がアジア全域→欧米へと全世界的に広がったのです。

翌９日の朝方、日経平均株価はザラバで１万９１１５円まで売られました。その後、上海総合指数が上昇に転じ、前日比５・８％高の３７９９ポイントで取引を終えました。この日の上昇率は約６年ぶりの大きさでした。しかし、これはダマシです。

すなわち、この日の上げは中国当局による「カラ売り調査」の報道などに起因したもの

■ 輸出減速と人民元の切り下げ

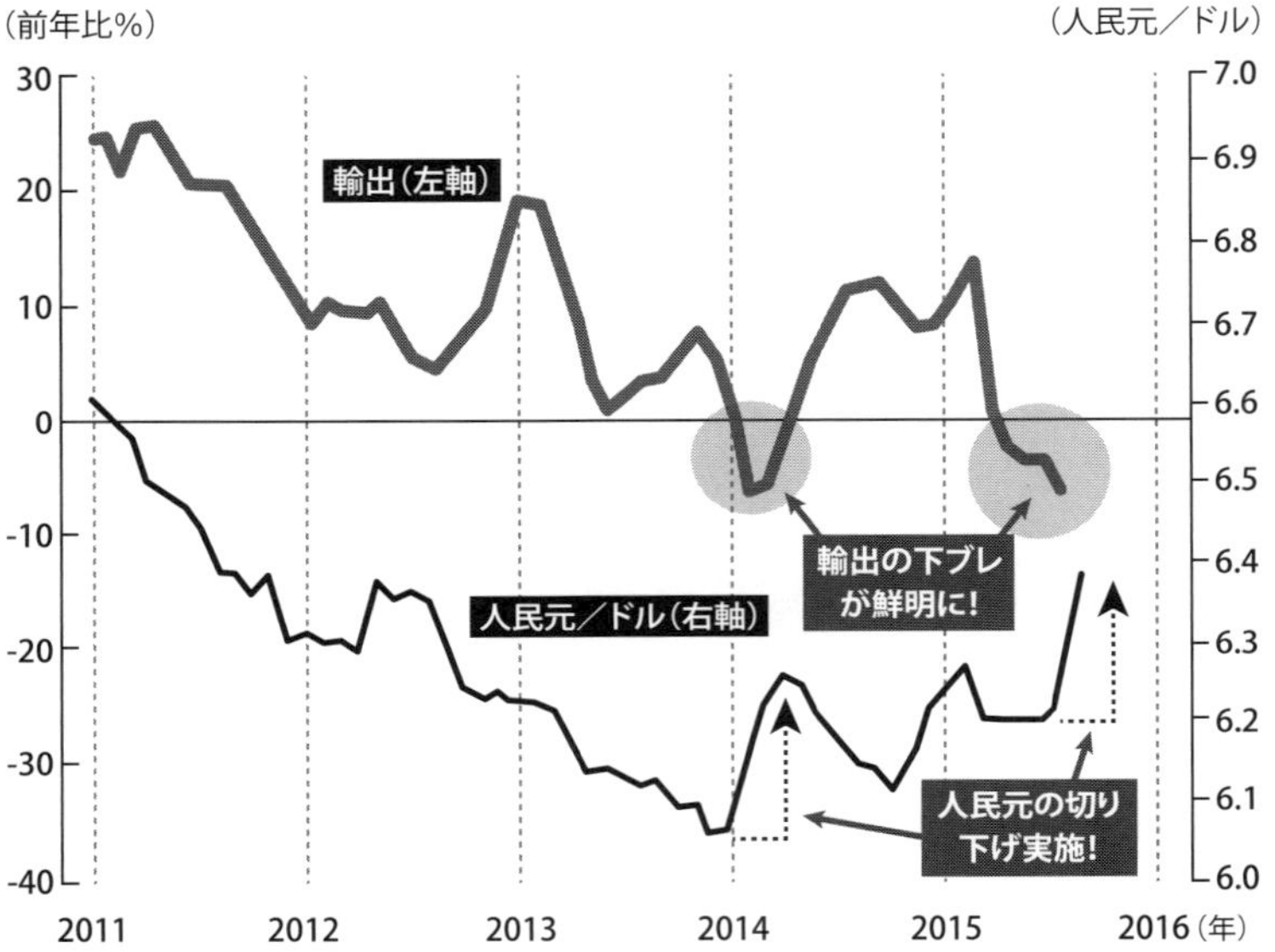

［出所］日興エコノミックマンスリー

であり、上海、深圳《しんせん》両取引所で売買停止になった銘柄は１６００にも達しました。売れなければ株価は下がりません。

その後、日経平均株価は戻り歩調をたどりましたが、８月12日以降、中国の人民元切り下げをきっかけに８月26日にはザラバで１万７７１４円まで下げました。すなわち、「中国発ブラックマンデー」です。

連日にわたって実施された人民元の切り下げは、予想を超える中国景気の減速を抑えるため、輸出の後押しを狙ったものです。

８月12日に中国国家統計局が発表した７月の主要経済指標は生産、投資、消費の伸びがともに鈍化しました。特に、生産の落ち込みが目立ちます。

さらに、10月19日に発表した7~9月のGDP成長率は6・9%にとどまりました。これは政府が目標とする「7%の成長」をわずかですが下回り、中国経済の減速が鮮明となったのです。

7%という数値は、中国政府が社会の安定を保つために必要としているものです。これを下回るのはリーマン・ショック後の2009年1~3月期以来のことになります。ただ、問題は表面的な数値が目標を下回ったことより、この統計が極めて信ぴょう性に欠けると指摘されていることです。

7%に対して、6・9%の成長です。うがった見方をすれば、「わずか0・1%に満たないだけで、中国経済は大丈夫ですよ」と苦し紛れにアピールしているようにも思えます。本当の数値がどこかで明らかにされたら……。まあ、そんなことは中国国内では起こり得ないでしょうが、仮にそうなれば、またもや株安の連鎖が世界を襲うでしょう。

56ページのコラムでも触れたように、統計数値の信ぴょう性は、中国が抱える大きなリスク要因です。公的なデータが信用できないのは大きな問題ではありませんか。

新聞・テレビでは、「造船の街から人影が消えた」とか、「商品価格が下落し始めた」などマイナスイメージにつながる報道がなされる一方で、「高級飲食店が依然として活況を呈しており、個人消費は底堅い」などとの報告も散見されます。

中国政府は成長目標を達成するため、政策金融機関に対し、3000億元（約5兆7000億円）の債券発行を認めるなど対策を取っていますが、大規模な財政出動に乗り出す動きは見えません。

ただ、中国人民銀行（中央銀行）は、2015年10月23日、銀行金利を原則自由化すると発表するとともに、追加の金融緩和を実施しました。これまで中国では銀行の収益を減少させないために、預金金利を低く抑えてきた経緯がありますが、これにより、高利回りの理財商品などにお金が流れ、マーケットの健全性が損なわれてきました。

理財商品とは、中国で主に個人投資家向けに販売されている高利回りの資産運用（投資信託）商品です。今回、預金金利の上限を撤廃したことは、マーケットの透明性を高める点で評価できます。

また、金融緩和の面では銀行の貸し出しの基準金利を0・25％下げ、預金準備率を0・5％引き下げました。これにより、貸し出しの基準金利（期間1年）は4・35％、定期預金の基準金利（1年物）は1・5％に下がりました。とりあえず、金融緩和を先行させています。

この利下げは2014年11月以降で6回目となりますが、大規模な金融緩和を打ち出すことにより、景気をテコ入れする狙いがあります。これを好感し、NY市場、東京株式市場ともに続伸、日経平均株価は２０１５年10月26日にザラバで1万９０００円台を回復しました。次は中国の財政出動に期待する番でしょう。

ともあれ、２０１５年は、まさに中国に振り回された1年でした。この流れは２０１６年以降も続き、さらにその影響力を増すことは間違いありません。中国が抱える問題は何であり、そして中国が何をしようとしているのか、注意深くウォッチし続ける必要があります。

これまで、中国が抱える2大懸念材料は戸籍制度と一人っ子政策でしたが、一人っ子政策は撤廃しました。次に求められるのは、農村戸籍と都市戸籍を分けている戸籍法の改正でしょう。

中国は産業構造の転換を求められており、そのためには人の移動がスムーズに行なわれる必要があります。現行の戸籍法はそれを阻害しており、農村戸籍の人々を中心に不満が高まっています。

マーケットが知らないチャイナ・リスクは２０１６年も静かにくすぶり続け、ある日突然、大きな火柱が上がる――そのような警戒心と覚悟を持って投資に臨むべきでしょう。何事も〝備え〟は必要です。

◉利上げのタイミングに頭を悩ますアメリカのリスク

世界経済、および株式市場に大きな影響をもたらすのが、FRB（米連邦準備制度理事会）による利上げ（金融政策正常化）です。内閣府のレポート「世界経済の見通しとリスク」によれば、2015年の春時点で利上げが行なわれる確率は、6月が13％、9月が37％、12月が20％、2016年1月以降が15％となっていました。これは、ニューヨーク連銀が政府公認ディーラーを対象にした調査（調査期間＝4月16〜20日）がベースになっています。

アメリカの利上げが実施され、想定以上に金利が上昇すれば、アメリカ企業の設備投資や住宅市場が影響を受け、景気回復に水を差される懸念が生じます。アメリカ経済は世界景気をけん引しています。同国の景気低迷が世界景気の腰折れにつながるのです。特に、新興国経済は大きな打撃を受けます。

すなわち、アメリカが利上げをすれば新興国から資金が流出し、実体経済に影響を与えるのです。まだ記憶に新しいところでは、2013年5月に当時のバーナンキFRB議長が量的緩和終了を示唆する発言をしたことにより、新興国通貨が急落しました。これは、「バーナンキ・ショック」と呼ばれています。

この当時（2013年1〜3月期）と2014年10〜12月期の経常収支（GDP比）、

■ 新興国のアメリカの利上げに対する耐性

	2013年1〜3月期 → 2014年10〜12月期	
国	経常収支（GDP比、%）	対外債務（GDP比、%）
ブラジル	▲2.8 → ▲3.9	13.6 → 14.8
インド	▲4.8 → ▲1.4	25.2 → 25.8
インドネシア	▲3.0 → ▲3.0	27.9 → 33.0
トルコ	▲6.8 → ▲6.4	44.8 → 48.9
南アフリカ	▲6.2 → ▲5.4	36.3 → 43.1
ロシア	4.0 → 3.4	33.8 → 29.8

［出所］内閣府

対外債務を見ても、大きな変動はありません。各国の経常収支はブラジルが1・1ポイント、ロシアが0・6ポイント悪化し、インドが3・4ポイント、南アフリカが0・8ポイント、トルコが0・4ポイント改善している程度です。

また、対外債務はロシアのみ4・0ポイント減っていますが、その他の国は南アフリカが6・8ポイント、インドネシアが5・1ポイント、トルコが4・1ポイントなど、それぞれ増えています。

これらの数値は、アメリカの利上げに対する新興国の「耐性」をはかるものですが、著しく改善していない現状を見ると、アメリカの利上げが新興国の景気に大きな影響をおよぼすのは間違いありません。

アメリカが利上げをすれば新興国の投資資金がアメリカに逆流し、新興国通貨の下落→経済の低迷という図式になります。このため、G20（財務省中央銀行総裁会議）ではアメリカに対し、利上げに慎重な姿勢を取るよう声明が出されました。また、IMF（国際通貨基金）のラガルド専務理事はアメリカの利上げについて、「物価や雇用が不確かであってはいけない」とけん制しています。

◉マーケットはアメリカの早期利上げに拒絶反応を示す

焦点となっていた利上げの時期は当初、2015年の9月が最も可能性が高いと見られていました。しかし、先述したとおり、8月下旬に株式相場が急落し、株安の連鎖が世界中を駆け抜けました。9月に入るとリスク回避による円買いが進行、ドル円相場は1ドル119円台前半まで下落しました。

9月相場は「リスクオン」から「リスクオフ」へと流れが鮮明となり、日経平均株価は9月1日に前日比724円安の1万8165円で安値引け（安値と終値が同値）となったのです。

このリスクオフ相場の流れは、アメリカの利上げに対する抵抗感がより強く現れたもの、と考えていいでしょう。つまり、マーケットはアメリカの早期利上げに対し、拒絶反応を

■ 米セントルイス連銀金融ストレス指数の推移

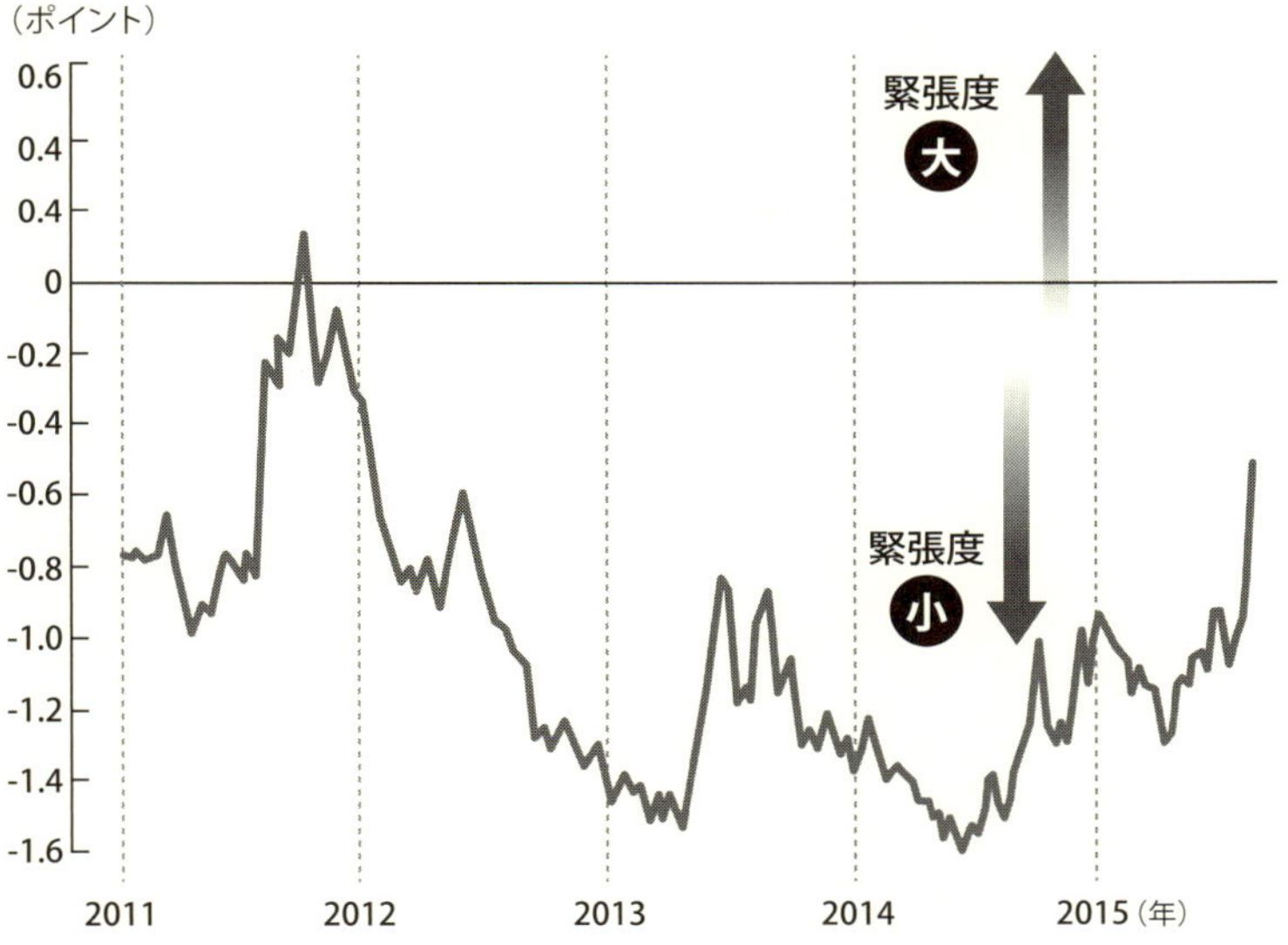

［出所］ダイワ投資情報ウィークリー

示したのです。「金融ストレス指数（アメリカのセントルイス連銀が公表）は、すでに２０１３年５月のバーナンキ・ショックを超える水準まで金融市場の緊張感が高まっている」と分析する専門家もいました。９月はそうだったと思います。

　結果的に９月17日、ＦＲＢは金融政策を決めるＦＯＭＣ（連邦公開市場委員会）を開催し、政策金利を０〜０・25％に据え置きました。市場の事前予測のなかには、雇用回復などを背景にＦＲＢが利上げに踏み切るとの見方もかなりありましたが、実質的なゼロ金利政策を継続することになったのです。

ＦＯＭＣの決定を受け、9月18日のＮＹ市場は前日比２９０ドルと大幅に下落しました。さらに、9月29日には1万５９４２ドルまで売られました。9月17日の終値1万６６７４ドルに対し、７３２ドルもの値下がりです。

アメリカの利上げが見送られたのは、世界経済と物価の先行きに不透明感が台頭しているからでしょう。なかでも、中国経済の低迷に対する危機感が大きいと思います。ＦＲＢのイエレン議長は、世界経済の見通しに関する不確実性の増大、低迷する物価について慎重な姿勢を示しました。しかし、世界経済うんぬんの文言は、その後、削除されています。

実際、イエレン議長は早期に利上げを行なう可能性も示しています。11月11日時点では、２０１５年の12月に利上げをする確率が72％まで上昇しています。仮に、２０１５年の利上げが見送られたとしても、２０１６年の1～3月にゼロ金利政策に終止符が打たれることは間違いありません。中国経済を中心に景況感の悪化が懸念されるなか、利上げの時期が一段と読みにくくなっていることが、マーケットを疑心暗鬼にさせ、値動きを不安定にさせます。

ＦＲＢはこれまで、サブプライムローン・ショック、リーマン・ショックに対応してＱＥ1～ＱＥ３（量的緩和第1弾～第3弾）を断行、アメリカの総資産を７０００億ドル→4兆５０００億ドルに激増させました。「このような資産状態を放置するのはよくない」と、イエレン議長は考えているのです。

アメリカの利上げはもとより国内景気、雇用情勢の好転が前提となりますが、早すぎても遅すぎても、株式相場に悪影響を与えます。マーケットの安定、物価上昇を待っている間に景気回復のペースが鈍り、その段階で利上げが強行されれば結果的にそれが景気の腰を折る可能性があるのです。

◉安倍政権の支持率低迷が日本のリスク

4番目のリスクは、日本の政治状況に対するリスクです。筆者は前々から、安倍政権の強引な政局運営による国内政治の混乱を「安倍リスク」としてとらえ、警鐘を鳴らしてきました。２０１４年末の総選挙で自民党は圧勝しましたが、選挙期間中、安倍首相は「アベノミクスで景気回復、日本再生はこの道しかないのです！」と訴えていました。筆者もそう思います。

多くの有権者はその言葉に期待して自民党に票を投じたわけですが、選挙後の記者会見ではアベノミクスの話もそこそこに改憲（憲法改正）に強い意欲を示していました。これが岸信介元首相を祖父に持つ安倍首相のＤＮＡ（遺伝子）であり、内に秘めたリスクといえるでしょう。

岸信介首相は、1960年1月に渡米し、安保改定条約に調印しています。しかし、これに対する反発は激しいものがありました。国会審議は停滞、世の中は「安保反対」の声で沸き立ったのです。デモ隊と国会審議の停滞ぶりは、2015年の安保法案（安全保障関連法案）をめぐる騒動と酷似しているように思えます。

この法案は安倍首相の訪米後、5月から4カ月にわたって審議されました。多くの憲法学者が「憲法違反」と主張するなか、9月19日、参議院本会議で採決が行なわれ、政権与党の賛成多数で可決、成立したのです。

この間、経済、景気についての論議は棚上げされ、安倍内閣の支持率は急落しました。そして、世界同時株安の連鎖が続くなか、日経平均株価は9月29日、ザラバで1万7000円を割り込んだのです。

政治に不安材料が生じると、内閣に対する支持率は低下します。内閣支持率と株価には相関関係が存在します。それだけに、安倍内閣の支持率低下が悩ましいのです。ただ、安倍政権はある程度の支持率低下は見込んでいたと思います。

日本経済新聞社が2015年の7月24～25日に実施した世論調査で、第2次安倍内閣としては初めて支持しない人の率（不支持率）が支持率を上回りました。支持率と不支持率が内閣発足後、2年7カ月で初めて逆転したのは、安保法案を巡る混乱が影響したと思わ

■ 安倍内閣の支持率（2015年）

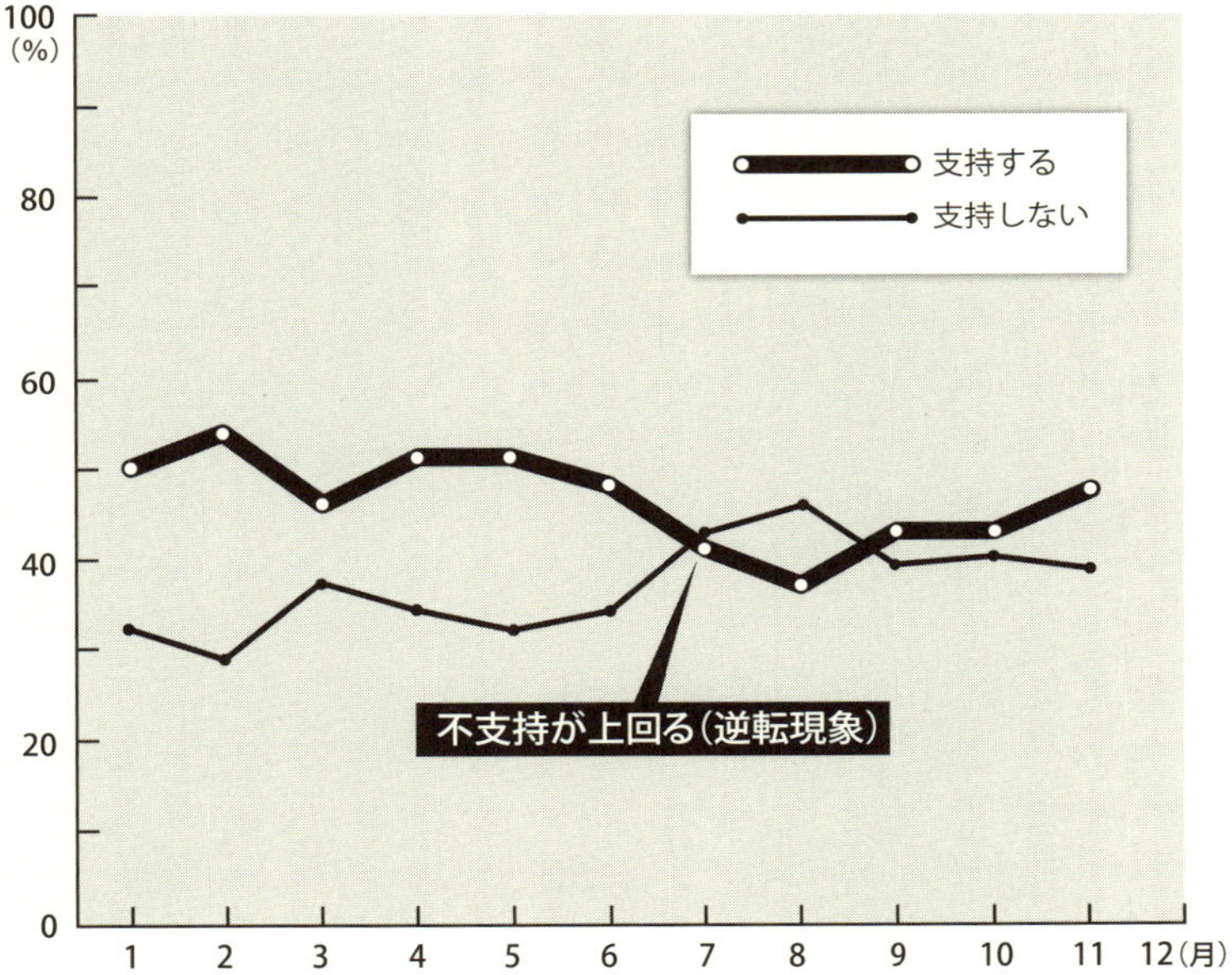

（単位：%）

	1月	2月	3月	4月	5月	6月	7月	8月	9月	10月	11月	12月
支持する	50	54	46	51	51	48	41	37	43	43	47	—
支持しない	32	29	37	34	32	34	43	46	39	40	39	—

日経平均株価
17,674円（1月終値）

日経平均株価
20,235円（6月終値）

日経平均株価
17,388円（9月終値）

［出所］NHK「政治意識月例調査」

れます。すなわち、この年の夏に株価が急落したのは、ギリシャ、中国など外部要因がすべてではないのです。

２０１２年12月も第２次政権が発足して以降、安倍政権は高い支持率を維持してきました。発足翌月の２０１３年１月の支持率は64％、不支持率は22％でした（ＮＨＫの調査による＝以下同じ）。60％台の支持率はこの年の６月まで続き、それ以降も２０１４年の６月まで50％台をキープしています。

その後、２０１５年の６月まで支持率が40％台に低下することはあっても、不支持率を常に上回ってきました。この間、日経平均株価は月足ベースで上昇トレンドに転換しました。これはバブル崩壊後、初めてのことです。

安倍政権の支持率が64％を記録した２０１３年１月、日経平均株価の始値は１万６０４円であり、同年12月末には１万６２９１円で引けています（上昇率53・６％）。

２０１４年の支持率は１月が54％で始まり、12月は47％でした。この年の日経平均株価は年初の１万６１４７円が年末には１万７４５０円まで値上がりしました（上昇率８・１％）。安倍政権が自主憲法、自主外交、自主防衛を政治日程に乗せようとしたときは要警戒です。

２０１５年の支持率は１月が50％、２月54％↓３月46％↓４月、５月がともに51％↓

6月48％という結果です。この間、日経平均株価は年初の1万7325円が6月24日に2万952円まで値上がりしました（上昇率20・9％）。

安倍政権が高い支持率を集めたのは、経済優先の姿勢が幅広い層に評価されたからです。念願の政権交代を成し遂げた民主党の経済政策は、東日本大震災の影響があったとはいえ、お粗末極まりないものでした。特に、株価を意識した政権運営の姿勢というものがまったく見えませんでした。これでは支持率が低迷し、国民にそっぽを向かれても仕方がありません。民主党がもう少し株高を意識した政治をしていたら……と悔やまれますが、すでに時遅しです。

内閣支持率の推移は、株価に大きなインパクトを与えます。これは投資家にとって、とても重要な問題です。この問題を軽視し、企業業績とチャートだけで投資判断を下そうとする人が多いのには驚かされます。

◉株価と相関性を高める内閣支持率をチェックせよ

内閣支持率は株価にどのような影響を与えるのでしょうか。とても興味深いデータがありますので、歴代首相の例をもとに検証してみたいと思います。まず、小泉純一郎内閣です。小泉第1次内閣は2001年4月に始まり、第3次内閣が2006年9月まで続き

■ 歴代内閣の支持率が逆転した月と日経平均株価の推移

内閣	支持率が逆転した月 内閣が退陣した月	支持率 （不支持率）	その月の日経平均株価 退陣時の日経平均株価	騰落率
安倍内閣 （第1次）	2007年6月 2007年9月	37% （47%）	17,875円 16,785円	▲6.1%
福田内閣	2008年3月 2008年9月	38% （48%）	12,525円 11,259円	▲10.1%
麻生内閣	2008年12月 2009年9月	25% （65%）	8,859円 10,133円	+14.4%
鳩山内閣	2010年3月 2010年6月	38% （50%）	11,089円 9,768円	▲11.9%
菅内閣	2010年11月 2011年9月	31% （51%）	9,937円 8,955円	▲9.9%
野田内閣	2011年12月 2012年12月	37% （42%）	8,455円 11,559円	+36.7%

［注］支持率が逆転した月とは、不支持率が支持率を上回った月のこと。
日経平均株価は終値ベース
［出所］NHK「政治意識月例調査」

ました。長期政権です。

この間の支持率は支持率が81％で始まり、途中、2002年5～7月、2003年3月、2004年7月の計5回だけ逆転を許しています。しかし、そのほかの月はいずれも支持率が不支持率を上回り、2006年9月は退陣したときにもかかわらず、支持率は51％（不支持率39％）もありました。小泉政権の人気ぶり、安定ぶりが分かります。

そして、この間の日経

平均株価は第2次政権が発足した2003年11月が1万100円、2006年9月が1万6127円となっています（ともに終値＝以下同じ）。上昇率は59・7％に達しています。

小泉首相の後継は、安倍晋三首相（第1次）です。就任した翌月（2006年10月）の支持率は65％（不支持率18％）と高く、2007年5月まで支持率が不支持率を上回りました（この月の支持率は50％、不支持率34％）。この間の日経平均株価は1万6399円が1万7875円まで9・0％値上がりしました。出足は好調だったのです。

小泉前首相の後継として期待され、人気もあった安倍首相ですが、2007年6月に支持率が37％、不支持率が47％と逆転しました。これは「郵政造反組」議員の自民党復党を認めたことで改革路線の流れが変わり、年金記録のずさんな管理が表面化した「消えた年金」問題などが追い打ちをかけたためです。

上昇機運にあった日経平均株価は、2007年6月でピークアウト、1万8138円が同年9月に1万6785円まで急落してしまいました。この3カ月間の下げ幅は1353円、下落率は7・5％に達します。支持率と不支持率の逆転現象は、結局6月から9月まで4カ月連続して続き、第1次安倍政権はあえなく幕引きとなりました。7月に行なわれた参院選の敗北が引き金になったのです。

次に誕生したのが、福田内閣です。就任当初こそ支持率58％、不支持率27％と順調なすべり出しを見せ、日経平均株価も２００７年10月には１万６７３７円と下げ止まったかに思われました（前月比48円安）。しかし、２００８年に入ると３月に早くも支持率38％、不支持率48％と逆転を許します。この月の日経平均株価は１万２５２５円であり、就任した翌月に対し、４２１２円（下落率25・２％）も下げてしまいました。

ところが、支持率と株価の急落はこの程度で終わりませんでした。２カ月後の５月には支持率が21％、不支持率66％と危険水域に入ったのです。日経平均株価は１万４３３８円まで戻しますが、これは下げ過程でのアヤ戻しにすぎませんでした。事実上、「死に体」となった福田内閣ですが、驚異的な粘り腰を見せて政権運営を続けます。

しかし、９月には支持率が20％（不支持率72％）まで落ち込み、ようやく福田内閣は退陣したのでした。この月の日経平均株価は１万１２５９円であり、福田内閣が誕生した翌月の株価より32・７％も下げた計算になります。

ちなみに、内閣支持率は「30％台で黄色信号」が点滅、「20％台で赤信号」といわれます。小泉内閣は第２次政権以降の最低が43％（最高は59％）でした。一度も30％台に落ちたことはありません。

これに対し、福田内閣の後継となった麻生内閣は、就任３カ月後の２００８年12月に早くも支持率が25％（不支持率65％）となり、２００９年９月に支持率が15％まで急落して、鳩山民主党政権に「政権交代」を実現させました。バブル崩壊後の日経平均株価の安値は、2008年10月（麻生内閣発足1カ月後）につけた6994円です。

現在の第3次安倍内閣は、2016年の夏に参議院選挙を控えています。2015年10月の支持率は43％、不支持率40％であり、かろうじて〝合格点〟をキープしています。しかし、その差はごくわずかです。日経平均株価は戻し歩調にあるとはいえ、安倍首相、閣僚たちの言動、政権運営のいかんによって支持率が急落する可能性を抱えています。マーケットはそれを恐れているのです。

株式相場における日本のリスクは、安倍内閣の政治姿勢そのものにかかっている、といえます。日経平均株価、TOPIX（東証株価指数）など指数の動向を読む際には、内閣支持率と不支持率を頭に入れて考える必要があります。特に、2016年の7月に実施が想定されている参議院選挙が近づくにつれ、マーケットは支持率の上げ下げに神経質になることでしょう。

この点をくれぐれもよく認識して、投資に臨まなくてはいけません。2016年の7〜8月は波乱相場を想定しています。イベント・リスクは避けるのがセオリーです。

COLUMN

コラム……8

裏を見せ、表を見せて散るモミジ！

裏を見せ、表を見せて散るモミジ！――この名句同様、人生もそうではないでしょうか。運と不運は紙ひとえ。相場には“陰陽”があり、「苦あれば楽あり！」といいます。明けない夜はありません。さらに、夜明け前がいちばん暗いのも確かです。

2015年の株式市場は、6月下旬以降、大荒れの展開となりました。まさに、仕掛けてやられ、やられて仕掛け、ムダな苦労の三月《みつき》と十日……。いや～、ひどい相場でした。

NY市場の月別パフォーマンス（1970年1月～2015年8月）を見ると、9月が最も悪くなっています。一方、パフォーマンスが最良なのは5月です。4月も高いですね。

これが意味するのは9～10月に買って、翌年の4～6月に売る――この投資戦術の正しさを示しています。

逆はよくありません。すなわち、最悪なのは9～10月に売って翌年の4～5月に買うやり方です。実際、先述したようにウォール街には「Sell in May」（株は5月に売れ）との教えがあります。Mayの語源は、ギリシャ神話のマーイウス（豊穣《ほうじょう》の女神）、欧米は麦（主食はパン）文化の国です。秋にタネをまき、春に収穫をします。

マーイウスはジュピターと結婚し、子供（マーキュリー）が生まれます。マーキュリーはフランス語でエルメス。錬金の神です。いつの時代も苦しい局面の買いは、将来、“黄金”を生むのです。

官民一体で本格化する「日本再生相場」投資価値の向上が株価を押し上げる！

◉安倍政権は参院選に勝つため株高政策を誘導する

ここからは、リスク要因を踏まえたうえで、２０１６年相場のゆくえについて考えてみたいと思います。結論から述べますと、２０１６年は政府、日銀が総力を挙げて〝日本再生〟を狙うでしょう。アベノミクス相場は４年目です。繰り返しになりますが、内閣支持率の上昇は株高につながり、支持率の低下は株安をもたらすパターンとなります。

２０１６年の参議院選挙（正式には第24回参議院議員通常選挙）は、７月の日曜日に行なわれる予定です。ご存知のとおり、参議院選挙は定数の半数が3年ごとに改選されます。今回改選されるのは、第22回通常選挙で当選した議員が対象となりますが、その議員の任期は２０１６年７月25日となっています。

参議院議員の通常選挙は任期が満了したあとの日曜日に行なわれることが多いのですが、今回は7月10日に行なわれるという説が有力になっています。ただし、実際の日程については流動的です。現在、参議院議員の定数は選挙区制、比例代表合わせて２４２人ですので、今回はその半分に相当する121人が改選されることになります。

242人のうち、選挙区が146人、比例代表が96人です。現状、参議院の会派別所属議員の数は、政権与党の自民党が114人、公明党が20人となっています。与党議員の数は合わせて134人であり、これは定数242人の半数121人を13人上回っています。

さて、今回の参議院選挙で政権与党は勝利することができるでしょうか。2015年の9月に大論議を巻き起こした安全保障法案、アベノミクスの実効性などについて、野党は批判を再び強めることでしょう。

安倍政権は参議院選挙をにらみ、遅くても2016年の4月以降、「支持率奪回大作戦」を展開することが予想されます。選挙が近づくにつれ、なりふりかまわぬ〝人気取り政策〟が連発されるのではないでしょうか。

これまで何度も述べていますが、安倍政権は「円安、株高」が頼みの綱であり、「日経平均株価は安倍首相の通信簿」と唱えるマーケット関係者がいるほどです。当然、投票日の直前（金曜日）に日経平均株価が低迷していたのでは話になりません。

つまり、参議院選挙に勝つためには、何がなんでも日経平均株価をできるだけ高値圏で維持させなければならないのです。

◉日経平均株価は2016年の年末に2万4500円まで上昇する

筆者は、2016年の日経平均株価の推移について、以下のようなイメージを描いています。まず、上半期は1月(終値＝以下同じ)が2万1000円くらい↓2月(1万9800円)↓3月(2万2000円)↓4月(2万2500円)↓5月(2万3000円)↓6月(2万4000円)という流れです。

3月にはギリシャに対するIMF(国際通貨基金)支援の期限切れ、FRBの利上げが予想されます。そして、6月に年初来高値をつけると考えているのは、参議院選挙に勝つためにあらゆる手が打たれると思うからです。

ただ、肝心の7月はギリシャ財政危機の再燃が懸念され、仮にユーロ離脱のような事態になれば、いくら安倍政権が日本国内向けにニンジンをぶらさげても、日経平均株価は下がるでしょう。

下半期はギリシャ問題、および参院選の結果次第と考えています。7月が1万9800円くらい↓8月(1万9600円)↓9月(1万8700円)↓10月(1万9300円)↓11月(2万1500円)↓12月(2万4500円)といったトレンドを予測しています。もちろん、波乱を恐れる必要はありません。

8～9月にかなりの押し目をつけるのは、2015年と同様、中国リスクにさらされる恐れがあるからです。すなわち、中国景気が予想以上に失速するかもしれないという懸念です。もっとも、中国が財政出動するようだと、状況は変わります。リーマン・ショック後の世界経済の落ち込みを支えたのは、４兆円もの中国の景気対策だったではありませんか。さらに、日本政府も動くでしょう。日銀だって、株安を放置しません。急落局面ではＥＴＦ（上場投資信託）を買います。

もちろん、これは内閣支持率が不支持率を上回って推移していることが前提です。先に詳しく述べたように、内閣支持率は日経平均株価に大きな影響を与えます。特に、支持率と不支持率の状況を外国人投資家は注視しています。この点は、国内投資家が思っている以上にこだわります。

参議院選挙が終われば、当分の間、国政選挙はありません。安倍政権は、国民が嫌がる施策に取り組むことができます。その１つが、例えば年金制度の改革です。近い将来、年金は破たんの危機に直面すると専門家に指摘されており、国家財政健全化のためにも年金制度にメスを入れる必要があるのです。

１つの例としては一律給付を止め、年金以外の所得が多くある人には給付額を減らすという制度が考えられます。

ただ、政府・日銀主導の日本再生相場には限界があります。株高要因となり得る最大の

■ 2分の1戻し（22975円）を目指す日経平均株価

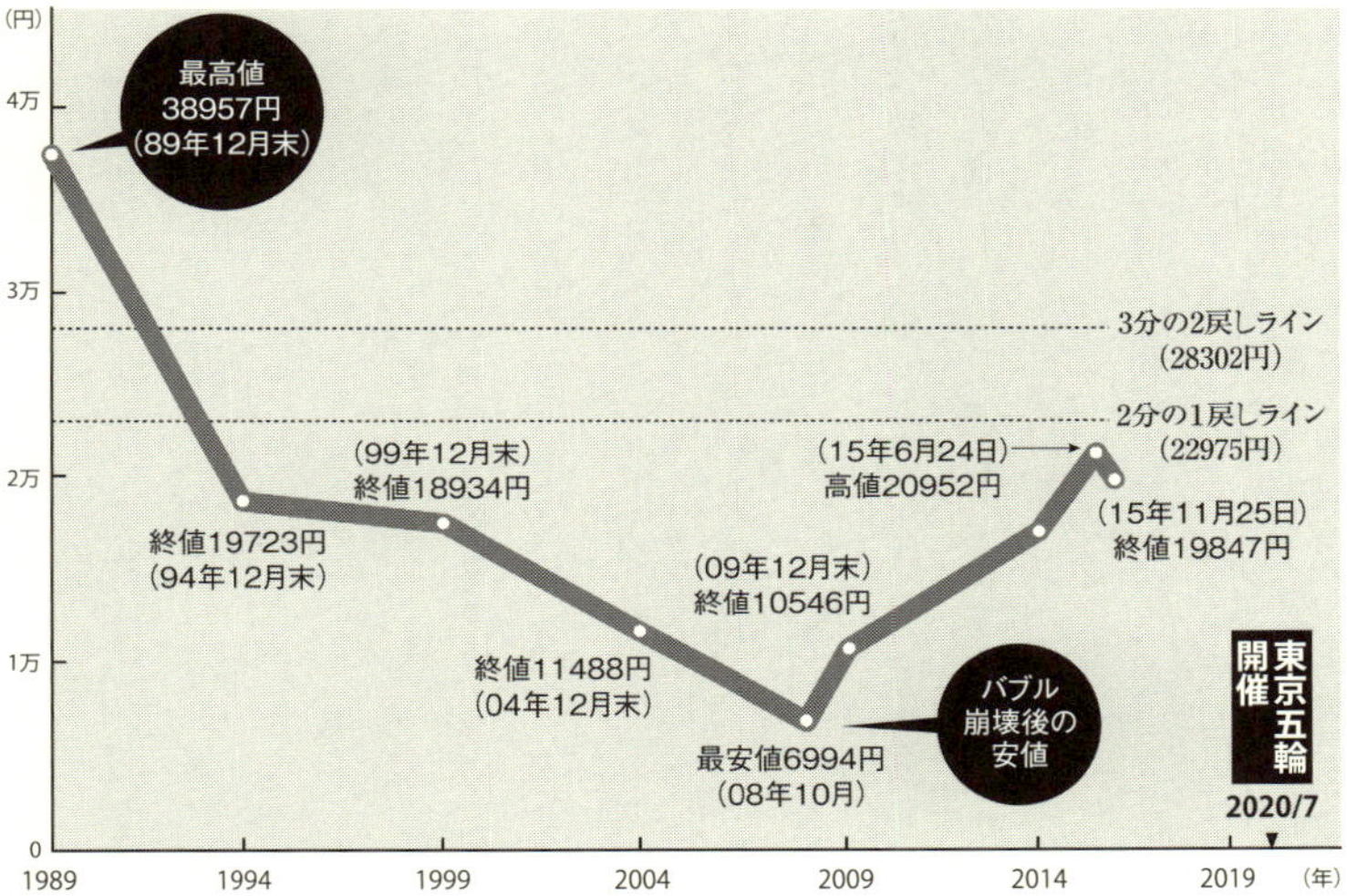

■ 日経平均株価の推移（2016年の予測イメージ）

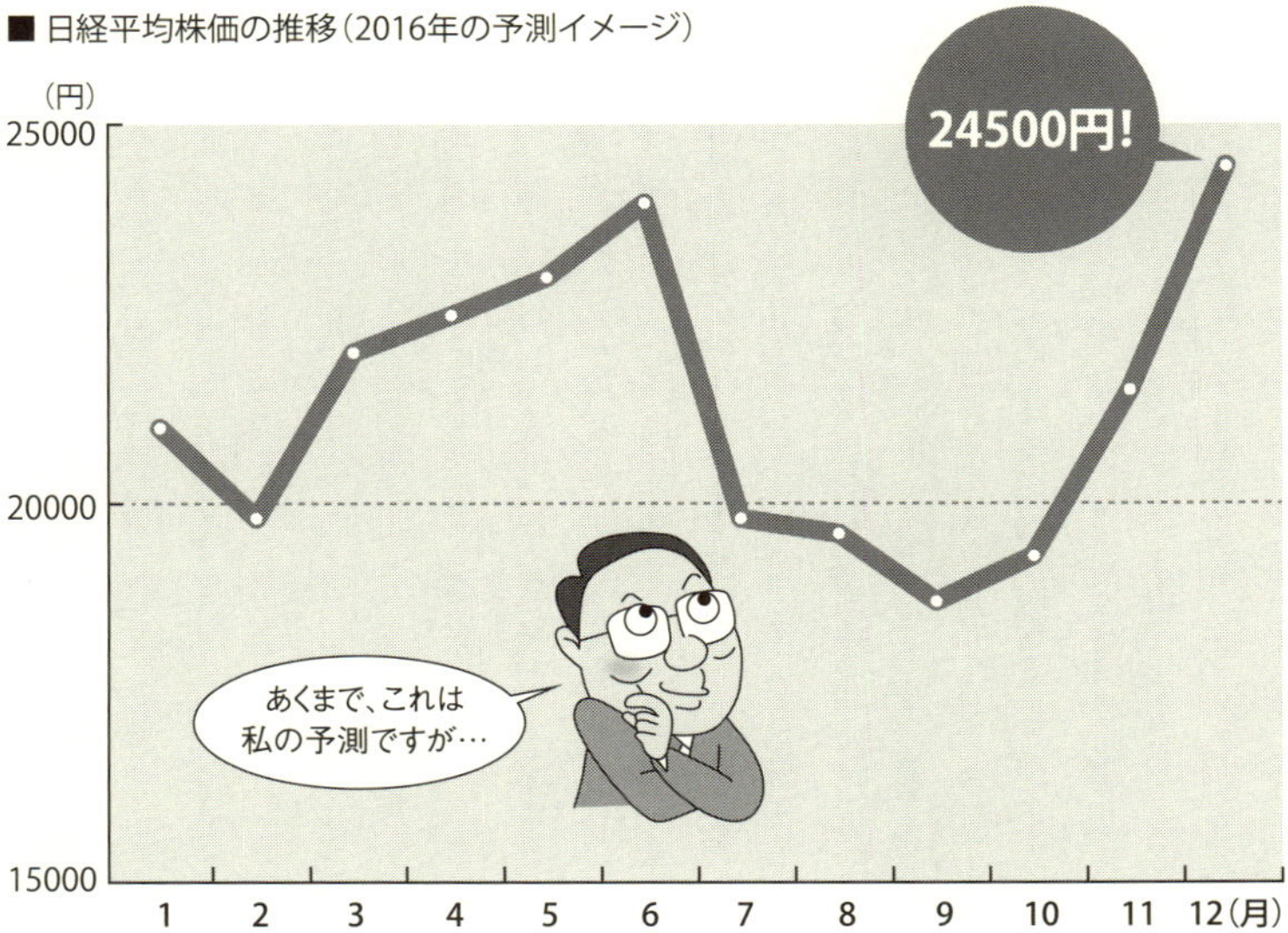

ポイントは、投資価値の向上です。

２０１５年６月より、株式市場では２つのコード（規範）が適用されるようになりました。すなわち、海外でも評価の高いコーポレートガバナンス・コードとスチュワードシップ・コードです。

これにより、企業は自身の行動を律して経営効率を高めるようになり、機関投資家（株主）は企業経営の在り方を厳しくチェックできるようになったのです。その結果、ＲＯＥ（株主資本利益率）を重視した経営が進展し、投資価値が向上する図式になりました。メガバンクは３兆円の政策投資の株式を売却します。**三菱ＵＦＪフィナンシャル・グループ（８３０６）**は、自社株買いを毎年実施しています。

企業経営者の意識は大きく変わってきていますが、まだ十分ではありません。重厚長大企業を中心に、ＲＯＥが低いままの銘柄がまだ数多くありますし、増配など株主還元策に意欲を見せない経営者もいます。

しかし、そのような事態はもはや許されなくなってきました。マーケットは着実に「株主重視」の時代に変化しており、投資価値の向上が強く求められているのです。２０１６年は、この流れがますます大きくなっていくことは間違いありません。

《第5章》

「短期・順張り」で儲ける銘柄

厳選10

（注）
151 ～ 171 ページに掲載した銘柄のデータは 2015 年 11 月 13 日時点のものです。また、本書に記載された内容は情報の提供のみを目的としています。実際の投資に際しては自己責任で行なってください。

短期・順張りの極意は当初の設定を守ること
利食いの引き延ばし、ナンピン買いは禁物

◉ヤラレたあとの再投資は、損切り後に状況をよく見て行なう

この章では、２０１６年に「短期・順張り」で儲けるための厳選10銘柄を掲載しましたので参考にしてみてください。この銘柄は機敏に動かなければなりません。

なお、株式投資で儲けるためには、「短期・順張り」か「長期・逆張り」かを明確にする必要があります。この点については、２０１４年12月に上梓した『あなたも株長者になれる39の秘訣』（ビジネス社）でも詳しく述べていますが、銘柄の特性によって、A株は短期・順張り、B株は長期・逆張りとはっきり区別するのです。

そして、重要なことは、短期・順張りであれば利食いラインとともにロス・カットラインを設定し、それをかならず実行することです。

例えば、株価１０００円のA社株を５００株購入し、利食いラインを１１００円（プラス10％）、ロス・カットラインを９００円（マイナス10％）に設定した場合、９００円に値下がりすればかならず損切りを実行します。

「短期・順張り」厳選銘柄の４本足と騰落率（2015年）

コード	銘柄	始値（円）	高値（円）	安値（円）	直近値（円）	騰落率（%）
1893	五洋建設	418.0	628.0 (8/18)	415.0 (3/9)	503.0	20.3
4577	ダイト	1,741.8	3,440.0 (8/5)	1,700.0 (1/7)	2,827.0	62.3
6136	OSG	1,953.0	2,939.0 (7/21)	1,850.0 (1/7)	2,325.0	19.0
6507	シンフォニアテクノロジー	175.0	290.0 (3/2)	168.0 (8/25)	220.0	25.7
6594	日本電産	8,000.0	11,415.0 (8/3)	7,616.0 (1/7)	9,733.0	21.7
7261	マツダ	2,909.0	2,910.0 (1/5)	1,759.0 (9/29)	2,492.5	▲14.3
7701	島津製作所	1,231.0	2,115.0 (8/7)	1,145.0 (2/10)	1,906.0	54.8
7956	ピジョン	2,353.3	4,125.0 (7/23)	2,293.3 (1/7)	3,305.0	40.4
8515	アイフル	407.0	522.0 (10/19)	343.0 (7/9)	435.0	6.9
9603	エイチ・アイ・エス	3,405.0	4,765.0 (8/5)	3,400.0 (1/5)	4,275.0	25.6

［注］直近値は2015年11月13日の終値。騰落率は始値に対する直近値の比率。（　）内は高値、および安値をつけた日の日付

もちろん、最初に首尾よく値上がりして１１００円を超えれば、すかさずそこで利益を確定させなければいけません。

短期・順張りの成功の秘訣は、損切りはもちろんですが、利食いも当初決めた値段できちんと実行することです。損切りをしたあとの再投資は、状況をよく見たうえで行ないます。短期・順張りの場合、ズルズルとナンピン買いを重ねるのはご法度です。機敏に動かねばなりません。

1893

五洋建設

業績好調、2016年3月期は上ブレの可能性が濃厚
500円台でのもみ合い続くが、下値を買って短期値幅取り

▼2016年3月期の連結経常利益は135億円予想

「臨海部ナンバーワン」を標榜する海洋土木の国内最大手です。最近は、トンネル工事（外郭環状道路）などを手がけています。中・長期的には首都圏改造プロジェクトの恩恵を受けます。スエズ運河の増深拡大工事など、海外での工事実績も豊富です。海外は、香港での大型案件を受注しています。

業績は好調です。2016年3月期の連結経常利益は、第2四半期が77億5400万円と会社予想に対し、57％の進捗率と順調です。通期では135億円の予想ですが、上ブレの可能性も十分です。2017年3月期も、増収益を確保できるでしょう。このセクターには追い風が吹いています。

売買単位►100株

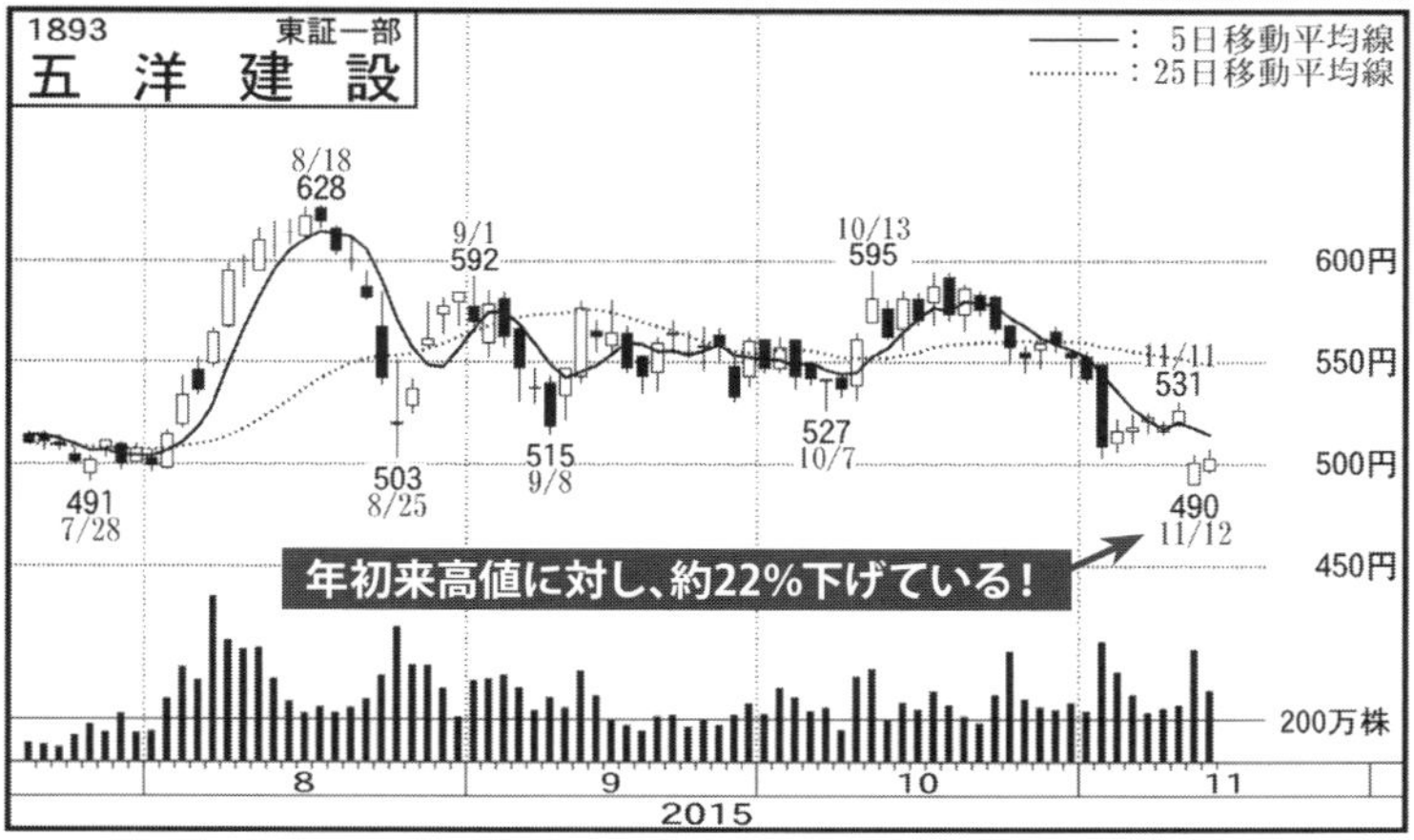

直近株価＝**503.0**円 ►►目標株価＝**604.0**円

POINT

■変動率の大きさが魅力　2015年は年初の418円に対し、安値が3月9日の415円とほぼ同値。適度な押し目をつけながら、8月18日には628円まで買われている。年初からの上昇率は50.2%に達する。その後は500円台でもみ合いが続いているが、400円台に突っ込んだところは好買い場となる。上げ下げともに変動率が大きいのが魅力である。

《株価データ》

■配当利回り＝1.0%　■連結PER＝17.9倍
■連結ROE＝8.0%　■連結PBR＝1.8倍

4577

ダイト

２０１６年５月期は連結最終利益が23億円と史上最高決算に２０１５年の高値３４４０円接近を狙って強気に攻める

▼第１四半期決算は進捗率29％と順調なスタート

同社は１９４２年、大東亜薬品交易統制会社として設立されました。富山家庭薬の東南アジア輸出を目的につくられた会社です。現在は、ジェネリック医薬品の原液製造がメインビジネスとなっています。「医療費削減」（後発医薬品の普及促進）という国策の恩恵をフルに受けています。

２０１６年５月期は、史上最高決算となるでしょう。連結最終利益が23億円（前期は22・46億円）、１株利益は１８４円と予想されています。第１四半期の連結経常利益は約10億円と会社予想に対し、進捗率は29％となっています。配当は年30円（２０１５年は28・63円）とします。

売買単位▶100株

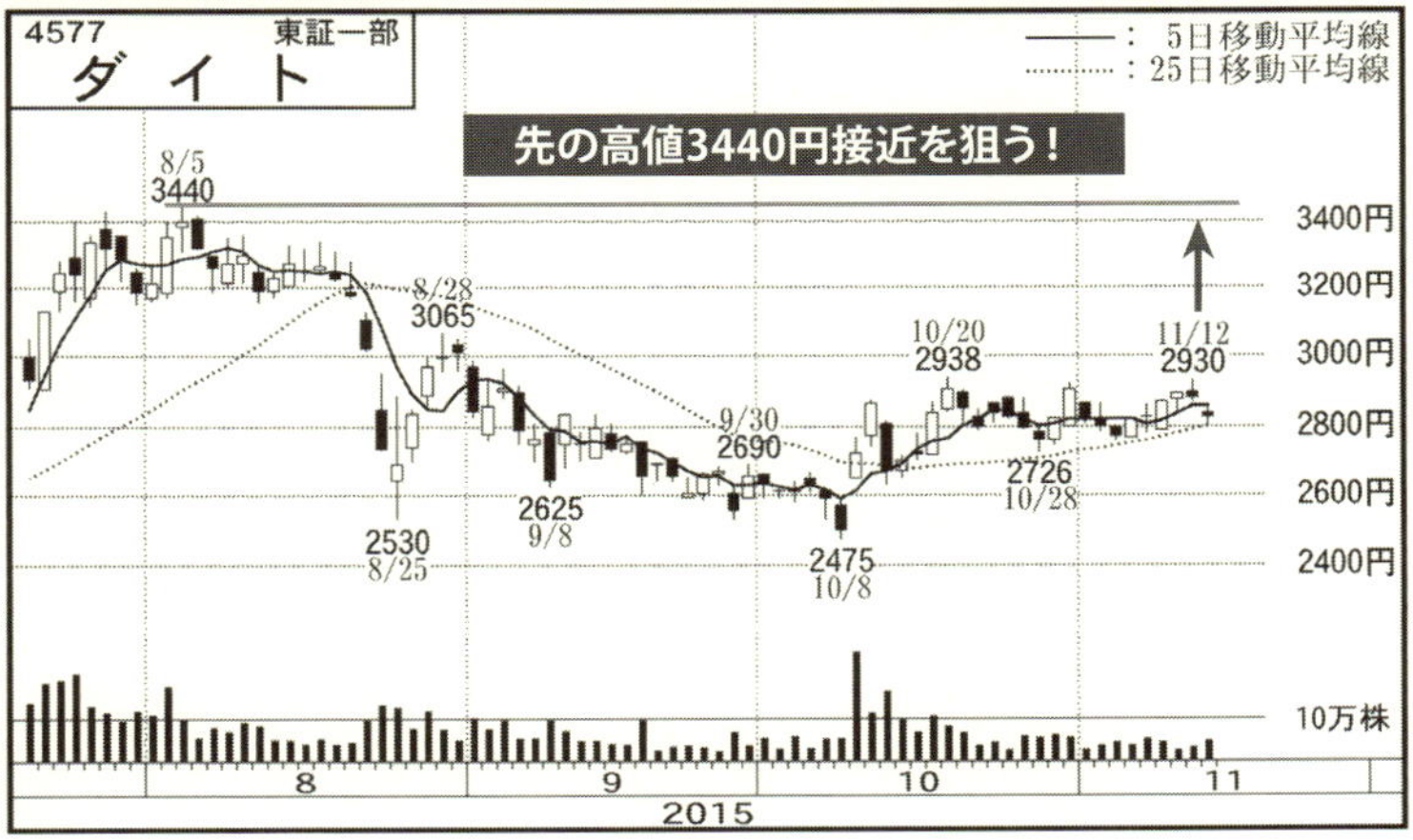

直近株価＝**2827.0**円 ▶▶目標株価＝**3390.0**円

POINT

■絶好の押し目を形成　2015年に大活躍した銘柄だが、2016年もその勢いは続くだろう。年初1741.8円に対し、8月5日に3440.0円まで値上がりしている。上昇率は97.5%であり、ほぼ倍化したことになる。ただ、10月8日には2475.0円まで下げた。高値とこの安値の半値戻しラインは2957.5円、3分の2戻しラインは3118.3円である。

《株価データ》

■配当利回り＝1.0%　■連結PER＝15.4倍
■連結ROE＝10.3%　■連結PBR＝1.6倍

6136

OSG

世界シェアトップ製品などが自動車、航空機向けに伸びる
2015年の秋に急落したが、安値を割り込まずに反騰開始

▼2015年11月期の進捗率は第3四半期終了時点で87%

タップ（ナット側のネジを切る工具）では世界シェアトップを誇ります。エンドミル、ドリル、ゲージなどを製造・販売しています。海外売上高は55%に達します。エンドミルなど主力製品は自動車、航空機のエンジン精密加工に使われています。この分野は現在、絶好調です。

業績は好調に推移しています。2015年11月期の連結経常利益予想は216億円ですが、第3四半期終了時点で進捗率は87%に達しています。2016年11月期ともに、史上最高決算となるでしょう。1株利益は133円（2014年11月期は105円）と予想されています。配当は10円増の46円とします。

売買単位►100株

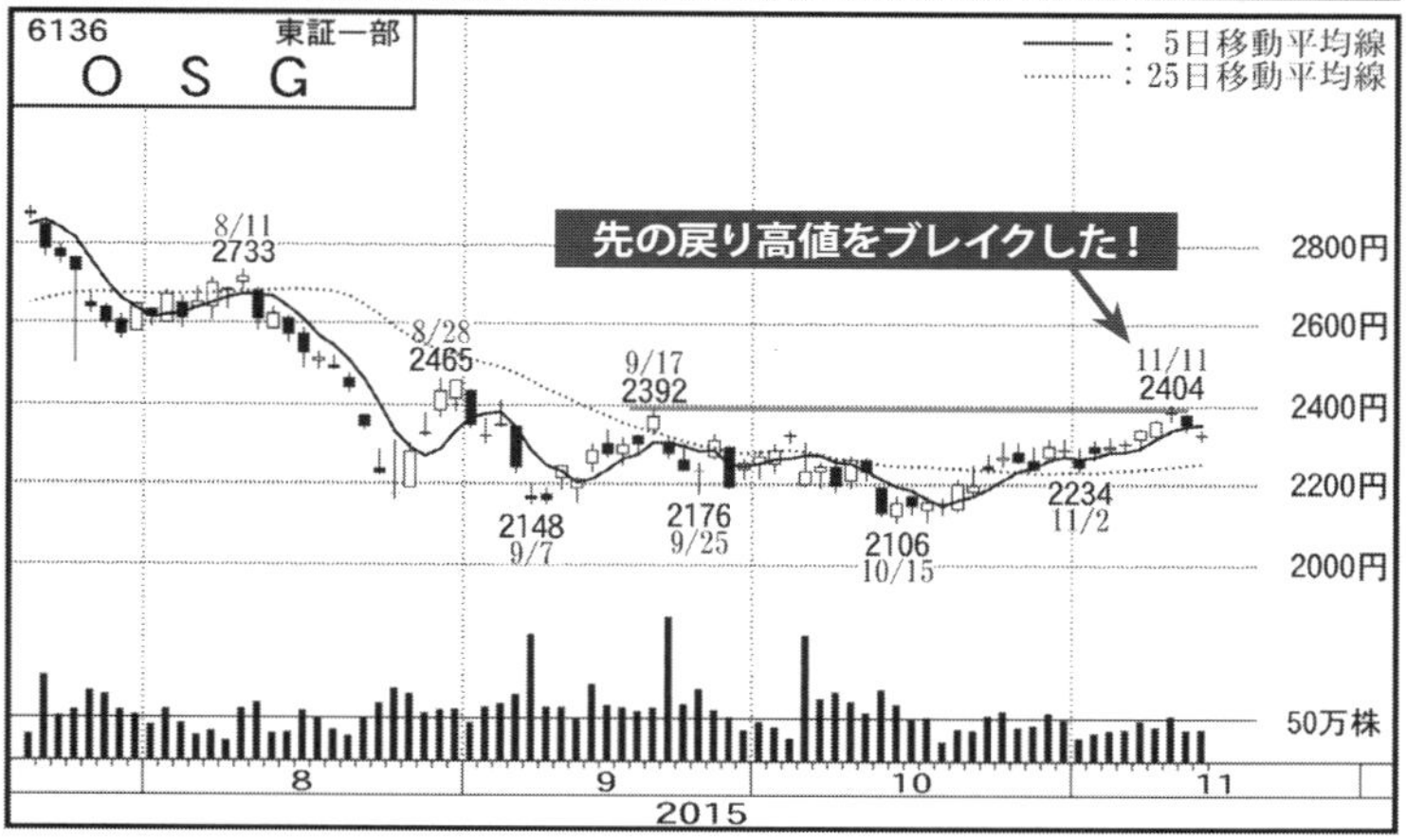

直近株価＝**2325.0**円 ►►目標株価＝**2800.0**円

POINT

■リバウンド開始　2015年は年初に対し、7月21日の2939円まで50%以上値上がりした。その後、ここを高値に10月15日には2106円まで急落。この間の下落率は28.3%に達するが、2015年の安値1850円を割り込むことなく、反発に転じている。高値に対する下げ幅は833円になるが、安値からの半値戻しは2522.5円である。

《株価データ》

■配当利回り＝2.0%　■連結PER＝15.5倍
■連結ROE＝9.9%　■連結PBR＝2.3倍

6507

シンフォニアテクノロジー

ロボット、ロケット、再生医療などハイテク分野に注力中
低位材料株特有の値動きの激しさが短期勝負には最適

▼旧神鋼電機のしがらみを断つ

同社は、かつての神鋼電機です。テクノロジー企業として、半導体搬送システム、太陽光パネル清掃ロボット「リソラ」、宇宙ロケット「姿勢制御用サーボアクチュエータ」などハイテク分野に注力しています。これに加え、再生医療分野を育成中です。２０１５年６月に社長が交代、飛躍を狙っています。

業績は久しく低迷していましたが、ようやく回復の兆しを見せ始めています。２０１６年３月期の連結経常利益は、41億円（前期は25億５４００万円）が見込まれています。旧経営陣は本社工場前の神社をぶっ壊して駐車場にするなど〝愚挙〟を繰り返しましたが、現在はまともな経営を取り戻しています。

売買単位►1000株

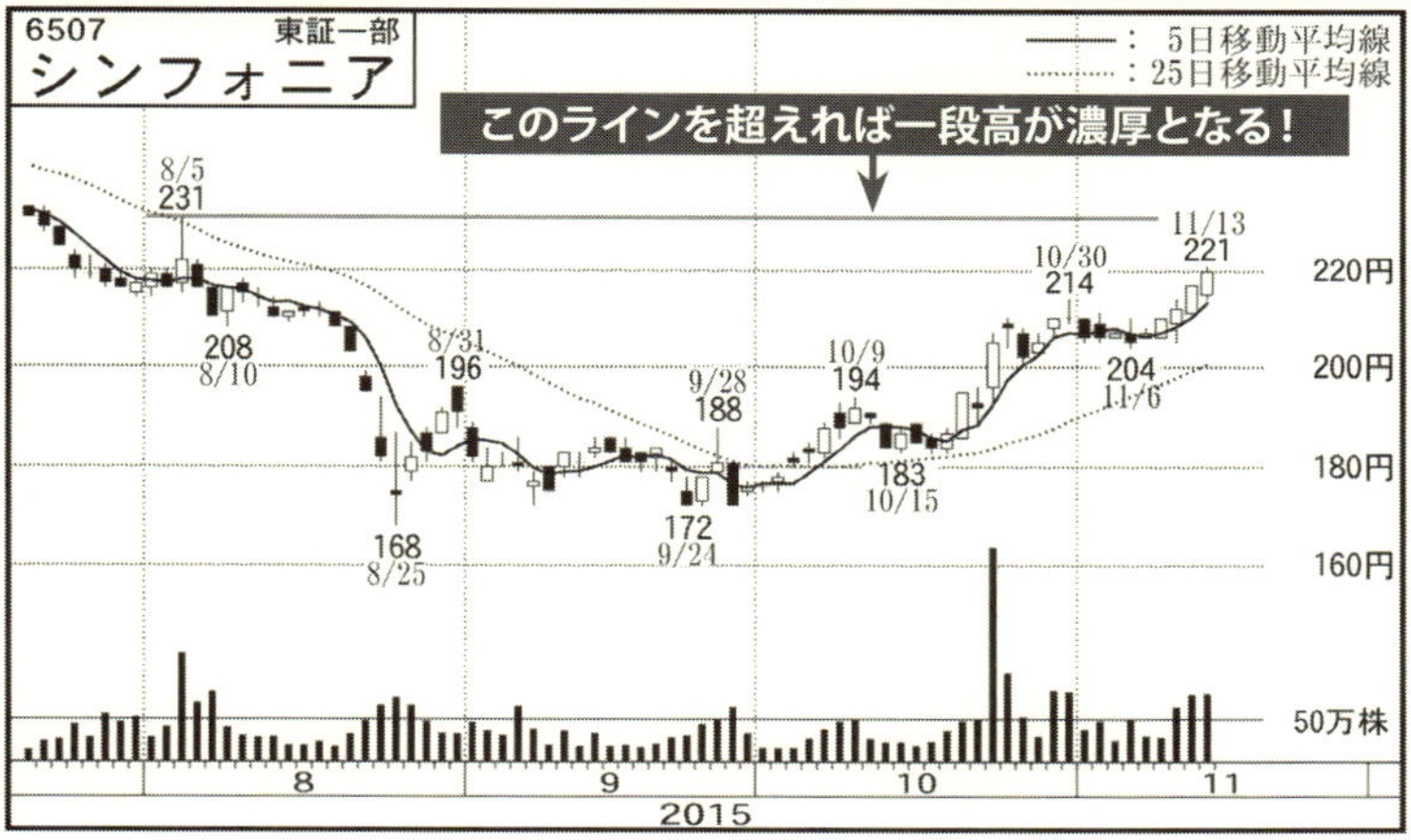

直近株価＝**220.0**円 ►►目標株価＝**264.0**円

POINT

■急騰急落を繰り返す　低位株らしいダイナミックな値動きが特徴である。2015 年は年初の 175 円が 3 月 2 日に 290 円まで急騰した。上昇率は 65%を超える。その後、5 月 1 日の 202 円が 6 月 15 日に 262 円と再騰（上昇率 29. 7 %）している。直近は 200 円前後でもみ合いを続けているが、株価は 25 日移動平均線の上で推移している。

《株価データ》

■配当利回り＝1.8%　■連結PER＝11.9倍
■連結ROE＝6.1%　■連結PBR＝1.1倍

6594

日本電産

M&A効果に加え、電動ブレーキ用モーターが成長軌道を後押し 1万円台回復は通過点にすぎず、一段高を狙う

▼1株利益、配当が順調に伸びる

同社は世界トップの電動機メーカーです。特に、ハードディスク用の精密小型モーターでは世界シェア80%を誇ります。今後、電動ブレーキ用モーターが成長ドライバーに浮上するでしょう。M&A戦略を推進、業容拡大を続けています。

精密小型モーターがハードディスク用→スマホ用→自動車用と切り口を替え、成長を維持しています。2016年3月期の連結経常利益は1260億円を見込んでいますが、第2四半期決算時点で進捗率が50%と堅調に推移しています。1株利益は302円(2015年3月期は272円)と予想されています。配当は10円増の80円とします。2020年には2兆円企業を目指しています。

売買単位►100株

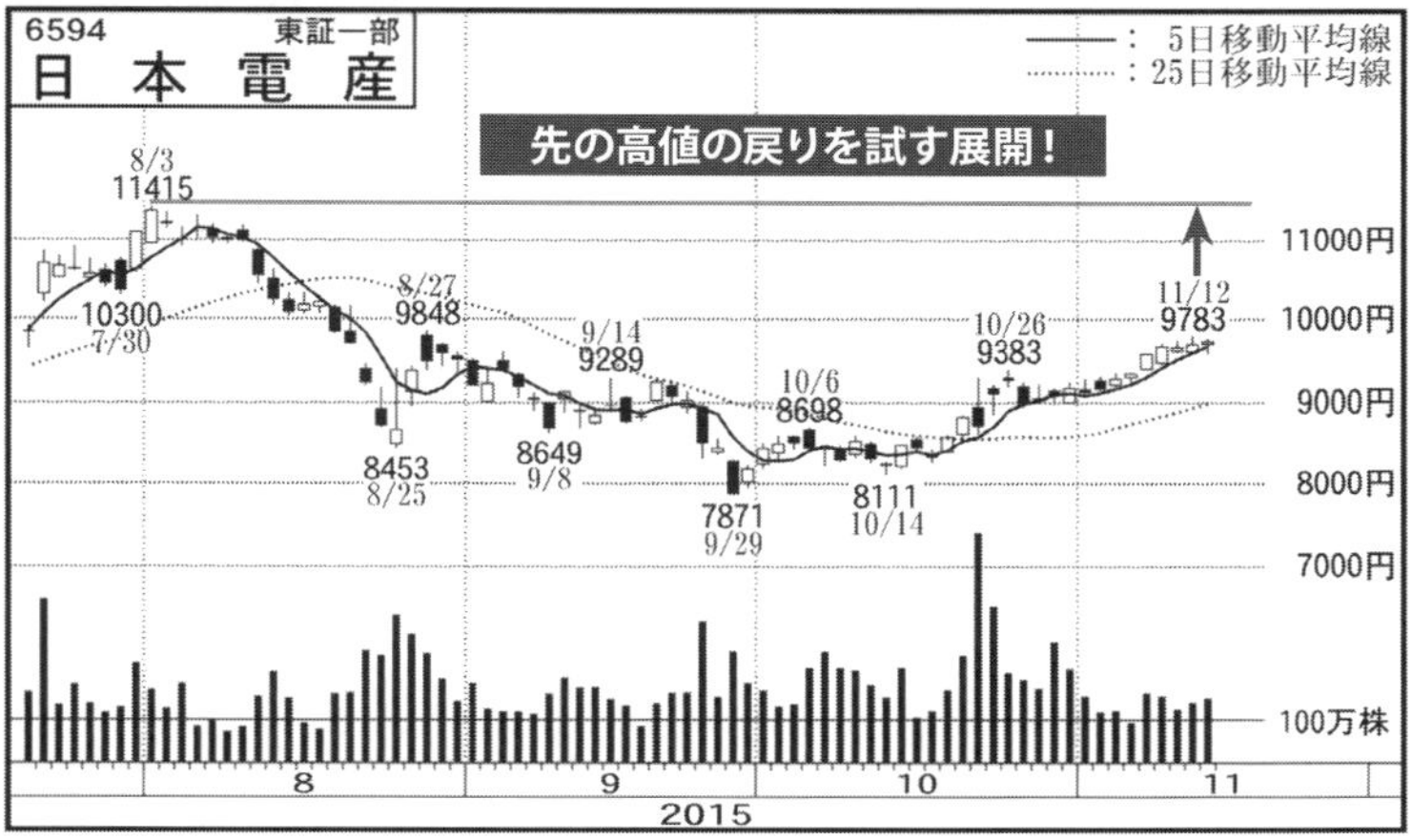

直近株価＝**9733.0**円 ►►目標株価＝**11680.0**円

POINT

■1万円台復活は時間の問題　2015年は4月23日に、2014年12月8日の高値8485円を終値で上抜くと、上値追いに拍車がかかった。7月23日には終値で1万円台に乗せ、8月3日は11415円と年初来高値を更新した。その後、9月29日の7871円まで急落したが、直近は戻り歩調にある。2016年は1万円台での活躍が有望視される。

《株価データ》

■配当利回り＝0.8%　■連結PER＝24.3倍
■連結ROE＝10.1%　■連結PBR＝3.7倍

7261

マツダ

トヨタ自動車との関係深まり、資本提携の可能性を残す
2015年の株価低迷は反動安、投資ファンドの売りは一巡

▼他社に真似のできない技術を評価

エンジン技術では燃費性能と出力を高次元で両立させるなど、ガソリン・ディーゼルの両分野において、世界トップクラスの実力を有しています。尿素噴射装置などの後処理装置を使用せず、欧州における最新の排気ガス基準を満たすことに成功しました。これはディーゼル車では、唯一のメーカーです。

独立系ですが、最近はトヨタ自動車に接近しています。確率としてはわずかですが、資本提携の可能性は残されていると思います。2016年3月期の連結経常利益は2300億円を予想しており、第2四半期終了時点で進捗率が56％と計画どおりに推移しています。SWF（政府系投資ファンド）の売りは一巡したようです。

売買単位►100株

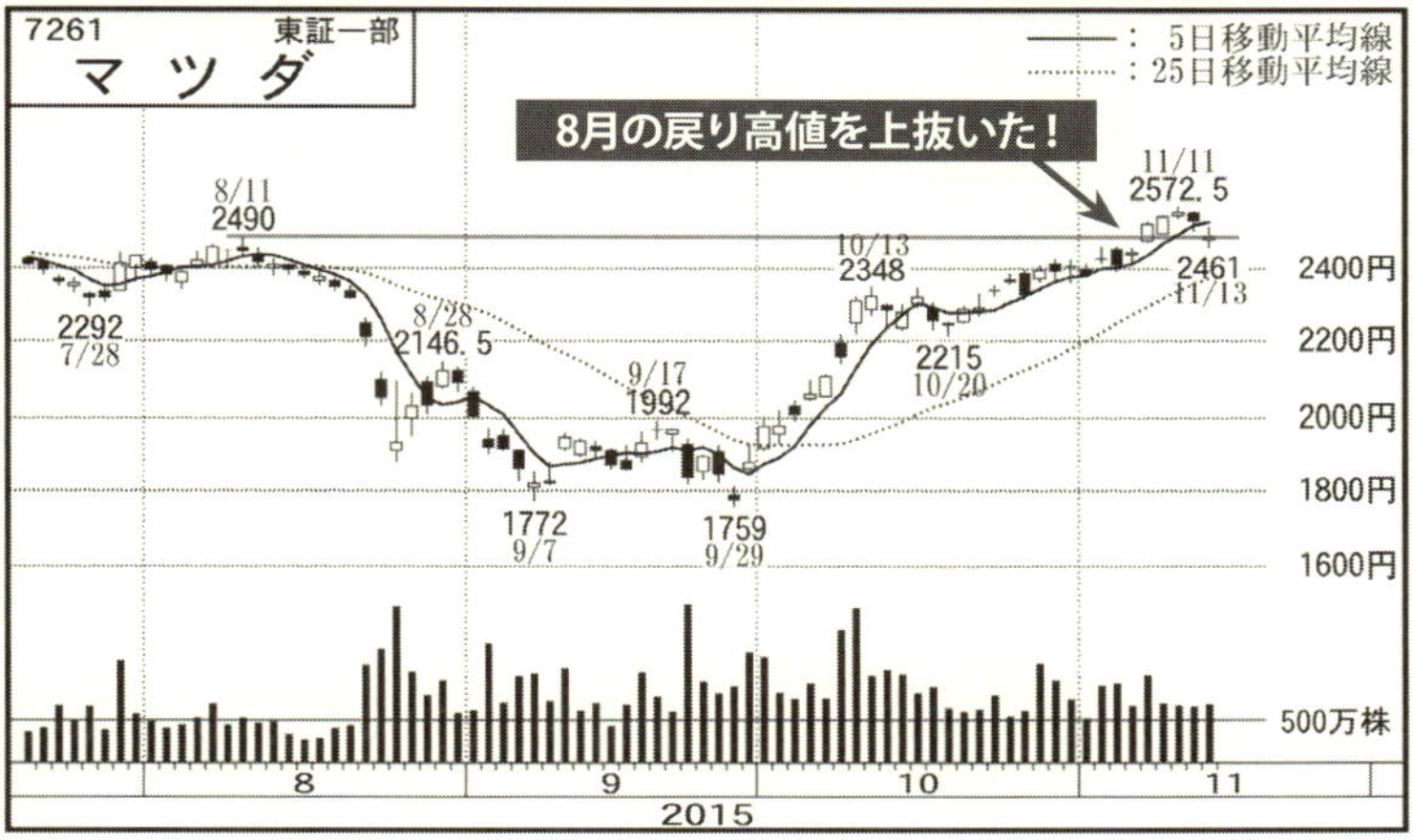

直近株価＝**2492.5**円 ►►目標株価＝**2990.0**円

POINT

■株価は売られすぎゾーンに　2015年は年初に対し、直近ベースで17%を超える下落と厳しい展開となった。同期間中、トヨタ自動車がほぼトントン、スズキが8%ほどの上昇となっていることに比べると相当割り負けしている。これは、2014年の年末にかけて急騰した反動が出ていると考えられる。2016年は水準訂正高が見込める。

《株価データ》

■配当利回り＝1.2%	■連結PER＝8.9倍
■連結ROE＝17.8%	■連結PBR＝1.6倍

7701

島津製作所

２０１４年３月期以降の業績伸長ぶりを評価する動きが続く
上昇トレンドに変わりなく、押し目買いで報われる〝王道〟銘柄

▼２０１６年３月期の連結最終利益は２３０億円に

日本初の有人気球の開発、医療用エックス線装置を完成させるなど、技術力の高さには定評があります。２００２年には社員の田中耕一氏がノーベル化学賞を受賞しています。最近は計測機器をメインに受注を伸ばしており、中国でのシェア（質量分析機）は４割にのぼります。

業績は飛躍期を迎えつつあります。連結最終利益を見ると、２０１４年３月期が97億円、２０１５年３月期が１８４億円、２０１６年３月期が２３０億円予想と伸び続けています。１株利益は76円（２０１５年３月期は63円）がらみとなるでしょう。配当は年１円増の14円とします。

売買単位►1000株

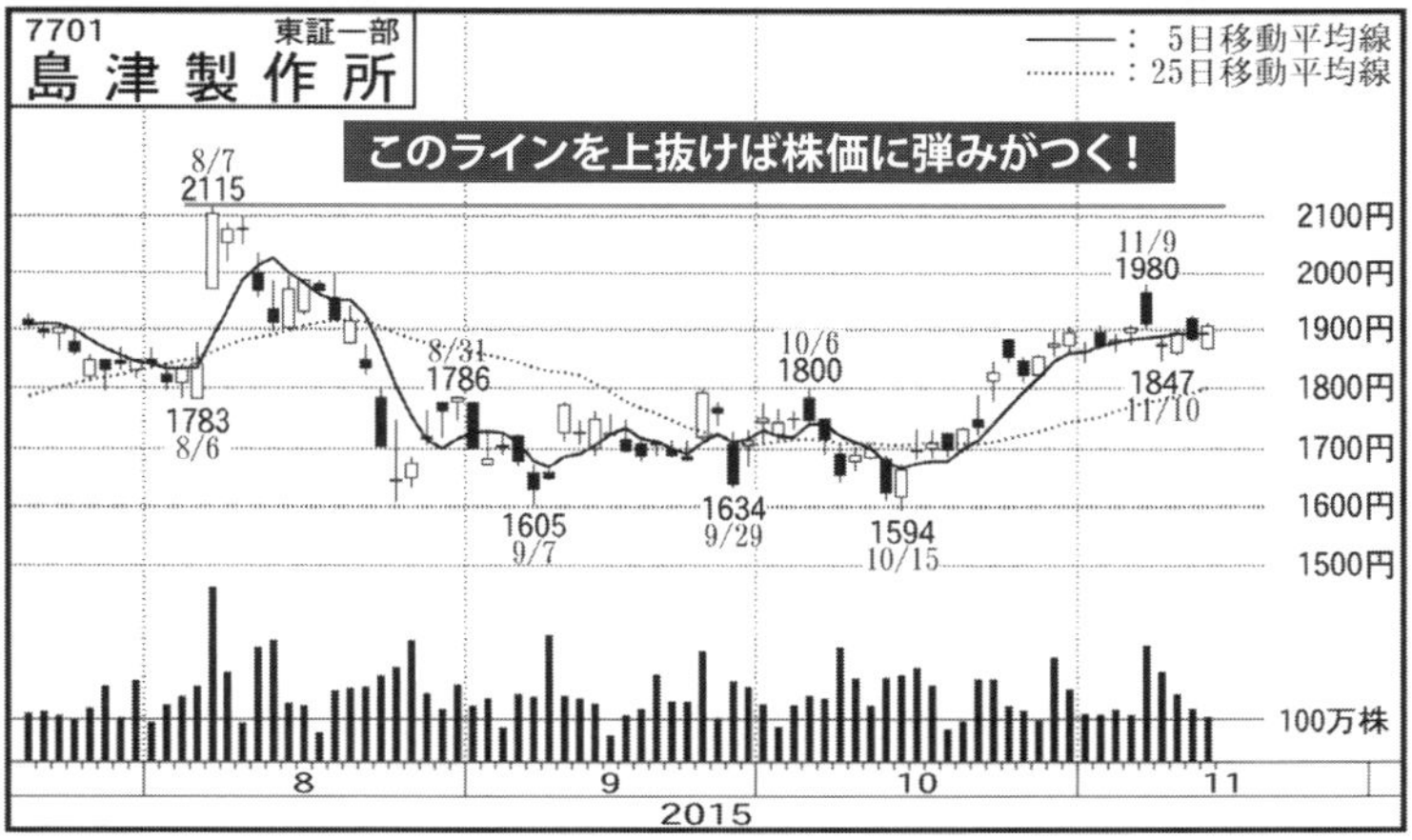

直近株価＝**1906.0**円 ►►目標株価＝**2290.0**円

POINT

■ジリ高トレンド続く　好業績を背景に、株価はジリ高トレンドを続けている。2015年は年初の1231円が8月7日に2115円と72%近く上昇。その後、10月15日に1594円まで下げたが、これは2015年の安値1145円を39%強上回る水準である。直近は早くも2000円台を伺う勢いになってきた。2016年は2115円超えから上値追いが期待できる。

《株価データ》

■配当利回り＝0.9%　■連結PER＝22.9倍
■連結ROE＝8.8%　■連結PBR＝2.6倍

7956

ピジョン

「夢をつむぐ子育て支援」関連の主役的存在
中国の「一人っ子政策撤廃」も強力な株価支援材料に

▼中国の売上げが全体の約30％を占める

同社は、育児用品のトップ企業です。マタニティ、介護用品を手がけています。主要製品は哺乳びん、おむつ、離乳食など多岐にわたります。第4章でも述べましたが、安倍政権の「新3本の矢」の2本目では「夢をつむぐ子育て支援」として出生率1・8％（現在は1・4％）を目標にしています。中国は「一人っ子政策」を撤廃、このメリットも享受できます。中国の売上げは全体の約30％に達しています。

業績は好調に推移しています。２０１６年1月期の連結経常利益は、前期比13・６％増益を見込んでいます。1株利益は79円（２０１５年1月期は73円）と予想されています。配当は40円とします。

売買単位►100株

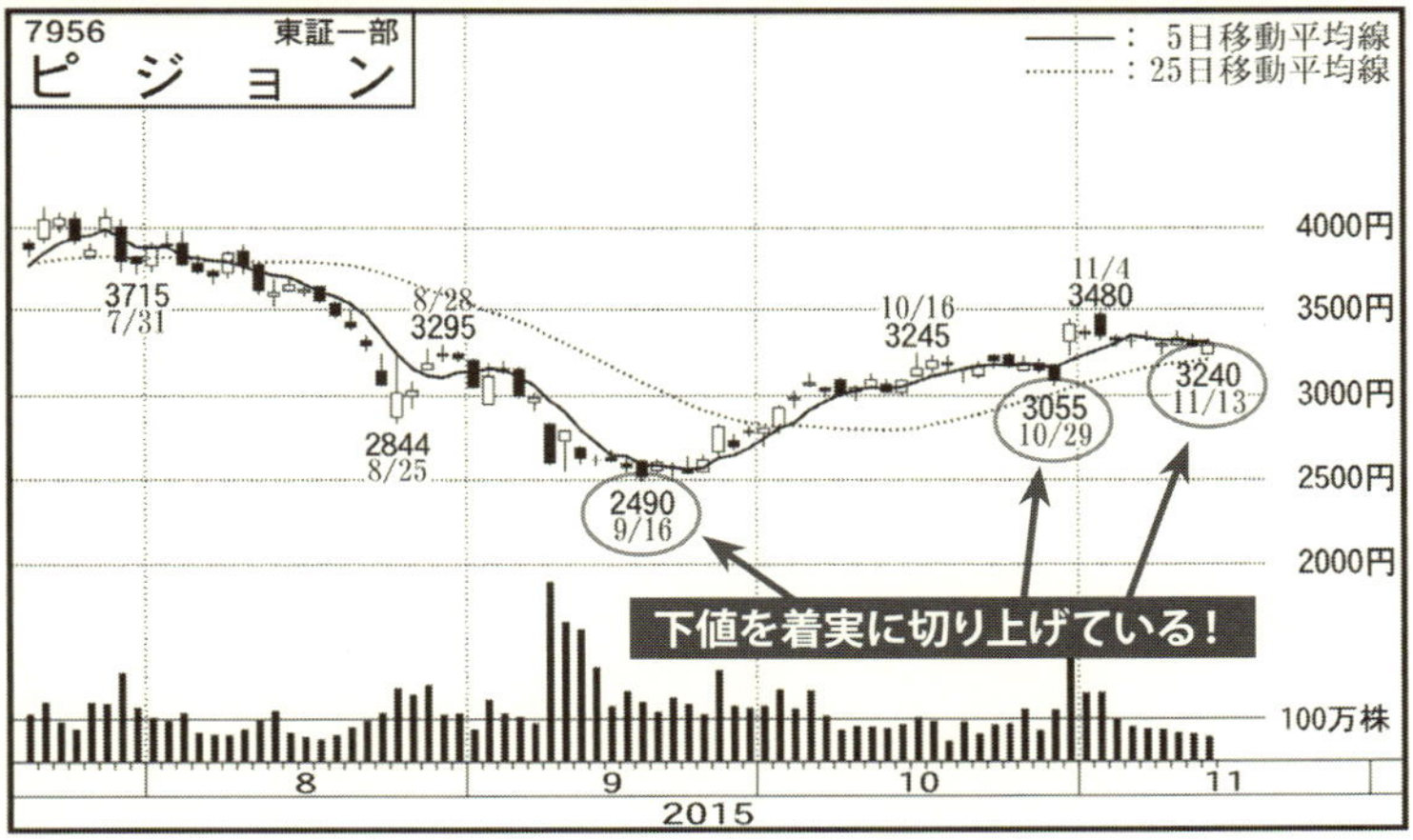

直近株価＝**3305.0**円 ►► 目標株価＝**3960.0**円

POINT

■波動取り作戦　2015年はダイナミックな波動を描いた。年初の2353.3円が4月7日に3606.7円、押し目を入れたあと7月23日には4125円まで買われた。上昇率は最大75%を超える。だが、9月16日には2490円まで売られた。40%近い下落率である。しかし、育児関連の主役として2016年は大きな活躍が期待できる。

《詳細データ》

■配当利回り＝1.2%　■連結PER＝33.1倍
■連結ROE＝17.9%　■連結PBR＝7.9倍

8515

アイフル

2016年3月期の業績は黒字転換が有望、上方修正の公算もハイリスクの側面あるが、変動率大きく目先勝負に最適

▼2016年3月期第1四半期の進捗率は46％

過去10年、「過払い金の返還問題」に直撃され、厳しい状況が続いてきましたが、ようやくピークアウトしました。今後は往年の高収益体質を取り戻すでしょう。最悪期はすぎつつあります。

2015年3月期は連結最終利益が365億円の赤字でした。足元の業績はさえません。いまだに累積損は542億円残っています。しかし、2016年3月期の連結経常利益は73億円あまりの黒字転換を見込んでいます。第1四半期の決算はすでに33億円強の実績を上げており、進捗率は46％と好スタートを切っています。2017年3月期も続伸の見込みです。金融機関の支援は終了しました。これは再建にメドがついたことを意味します。

売買単位►100株

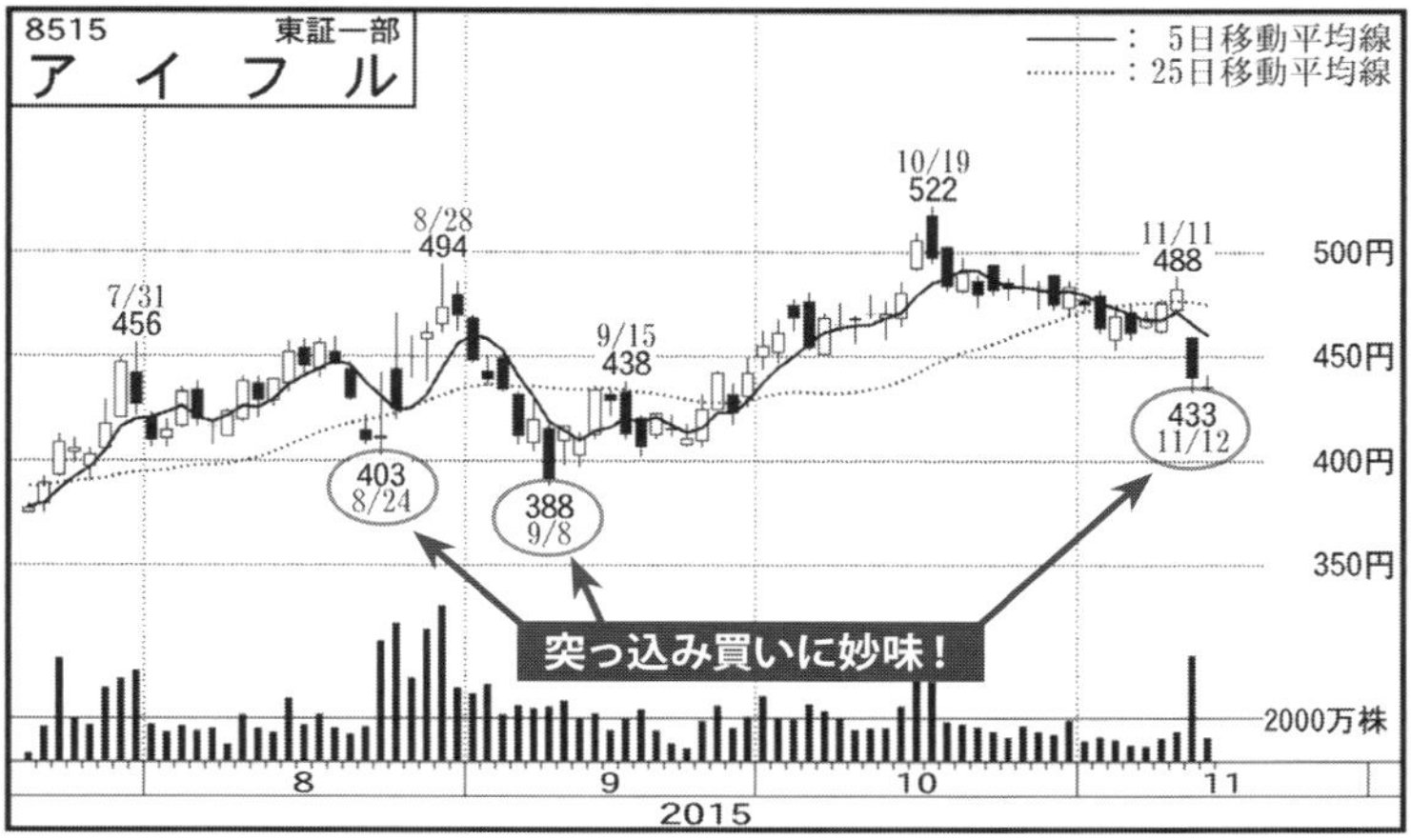

直近株価＝**435.0**円 ►►目標株価＝**520.0**円

POINT

■急騰急落を繰り返す　上げ下げが激しく、ハイリスク・ハイリターンの銘柄である。2015年は年初の407円が1月13日に355円までいきなり下げた。下落率は12.8%である。その後、2月18日に487円まで上げ（上昇率37.2%）、7月9日の343円(下落率29. 6%)、10月19日の522円(上昇率52.2%)と急騰急落を繰り返している。

《株価データ》

■配当利回り＝0.0%	■連結PER＝23.5倍
■連結ROE＝7.2%	■連結PBR＝2.1倍

9603

エイチ・アイ・エス

M&A戦略を積極化、インバウンドの本命的存在
人気観光施設ハウステンボスの上場思惑も株高要因に

▼2015年10月期の連結最終利益は前期比17%増益予想

同社は格安航空券のパイオニアです。長崎のハウステンボス、熊本の九州産業交通（バス会社）を買収するなど、積極的なM&A戦略を展開しています。インバウンド関連の本命的な存在です。もちろん、メリットを受けます。

株式市場では、ハウステンボスの上場（株式公開）が近いのではないか、との思惑がささやかれています。世界産業遺産の多く（8カ所）が長崎県に集中しています。これはハウステンボスの集客に貢献するのではないでしょうか。

業績は好調です。2015年10月期の連結最終利益は106億円と前期比17%増益、1株利益は160〜170円がらみとなるでしょう。

売買単位►100株

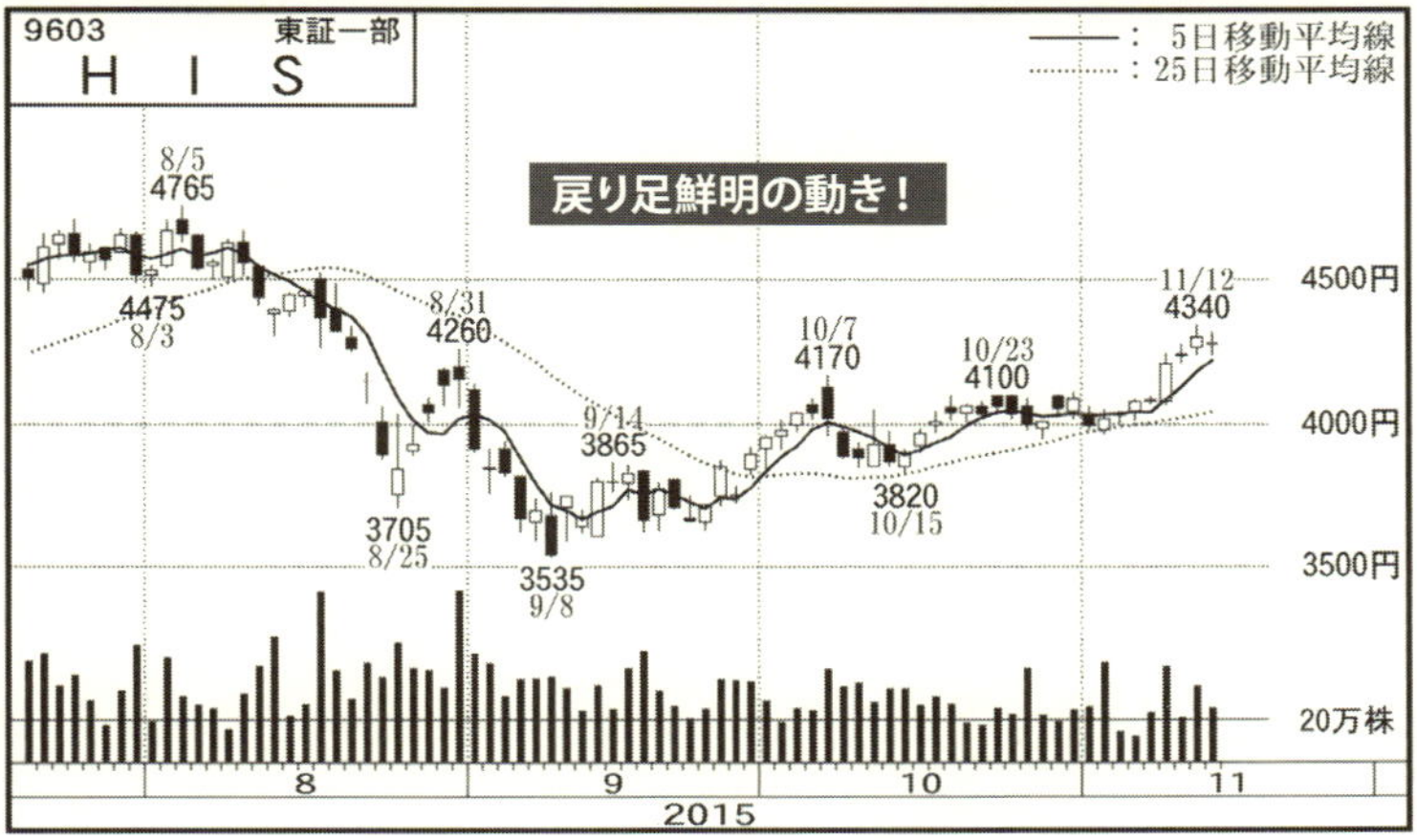

直近株価＝**4275.0**円 ►►目標株価＝**5100.0**円

POINT

■ 2015年の年足は先高を予見　2015年は始値が3405円、安値が3400円とほぼ同値。8月5日に4765円まで買われ（上昇率39.9％）、直近でも4300円前後をキープしている。年足は「陽の寄り付き坊主」となる公算が大きく、これは先高を予見させる強い足型だ。直近は戻り歩調を鮮明にしており、2016年の活躍が期待できる。

《株価データ》

■配当利回り＝0.5％	■連結PER＝20.1倍
■連結ROE＝8.9％	■連結PBR＝2.9倍

COLUMN

コラム……9

丙申の縁起考。桃太郎の鬼退治で浮かぶ株

兜町は縁起をかつぐ傾向が強いのです。意外に古いものを大切にします。十干十二支《じっかんじゅうにし》による丙申《ひのえさる》の縁起考です。兜町では、「申酉《さるとり》騒ぐ」「戌《いぬ》笑う」などといいます。サルとキジ（日本の国鳥）、イヌが騒ぐのは桃太郎の鬼退治の世界ではありませんか。

これは何を意味しているのでしょうか。実は、日本のおとぎ話には拾った子供を育てるというテーマが多いですね。桃太郎をはじめ、かぐや姫、一寸法師もそうです。じいさま、ばあさまは他人の子供を大切に育てます。

子供は“国の宝”なのです。だからこそ、地域が総出で守り、育てる……。昔々はそんな社会だったのではないでしょうか。

現代では安倍政権の子育て支援に通じるものがあります。子育て支援関連株には追い風が吹いています。息の長いテーマとなりそうです。

一方、桃太郎の鬼退治は何なのでしょうか。これは自然災害の克服、病気の根絶、犯罪の抑制などを意味しています。昔々といえど、実際に鬼がいたわけではないでしょう。ただ、自然災害、外敵の襲来、盗賊の存在が村人を苦しめたことはよくあったと想像できます。

この分野（現代版）ではセキュリティ、監視カメラ、防災機器を手がけているALSOK（2331）、あい ホールディングス（3076）、能美防災（6744）などに妙味がありそうです。

《第6章》

「長期・逆張り」で儲ける銘柄

厳選10

（注）
175 ～ 195 ページに掲載した銘柄のデータは 2015 年 11 月 13 日時点のものです。また、本書に記載された内容は情報の提供のみを目的としています。実際の投資に際しては自己責任で行なってください。

長期・逆張りの極意は安値を買い下がること 値下がりを想定し、投資資金を分散させる

◉利食い、損切りは「タテのポートフォリオ」の平均値で判断する

この章では、長期・逆張りで儲けるための銘柄を考えてみました。短期・順張りの場合は、基本的に勢いのある銘柄を徹底して攻めることが鉄則であり、対象となる銘柄は無配株でも、ＰＥＲ、ＰＢＲなどが異常に高くても構いません。

一方、長期・逆張りの場合は、基本的に配当利回りが高かったり、ＰＥＲ、ＰＢＲ面で割安な銘柄が候補となります。そして、そのような銘柄の安値を根気よく拾っていくことが鉄則となります。

１つの例としては、Ｂ社株を１０００円で１００株購入します。その後、利食いラインだけをとりあえず１５００円（プラス50％）に設定します。長期・逆張りのケースでは、当初、ロス・カットラインを設定しません。その代り、第1段目の買いを投資資金の３分の１～５分の１以下に抑えるのです。つまり、最初に買ったあと値下がりすることを想定し、安値を買い下がる作戦（ネバー・ギブアップ）です。短期・順張りではご法度だった

「長期・逆張り」厳選銘柄の４本足と騰落率（2015年）

コード	銘柄	始値（円）	高値（円）	安値（円）	直近値（円）	騰落率（%）
3277	サンセイランディック	838.0	1,125.0 (8/21)	738.0 (2/16)	980.0	16.9
3624	アクセルマーク	4,850.0	6,240.0 (1/28)	817.0 (8/25)	1,276.0	▲73.7
3724	ベリサーブ	1,020.0	1,578.0 (11/10)	909.0 (9/8)	1,412.0	38.4
6071	IBJ	753.0	2,043.0 (6/29)	713.0 (1/15)	1,319.0	75.2
6092	エンバイオ・ ホールディングス	558.0	1,375.0 (6/30)	480.0 (2/5)	845.0	51.4
6619	ダブル・スコープ	705.0	3,280.0 (11/13)	670.0 (1/16)	3,170.0	349.6
6945	富士通フロンテック	1,550.0	1,929.0 (7/31)	1,230.0 (8/25)	1,511.0	▲2.5
7774	ジャパン・ティッシュ・ エンジニアリング	1,507.0	1,650.0 (5/25)	896.0 (11/5)	971.0	▲35.6
8769	アドバンテッジ リスクマネジメント	1,160.0	1,788.0 (11/13)	963.0 (7/9)	1,768.0	52.4
9517	イーレックス	1,550.0	1,663.0 (4/15)	777.0 (8/25)	1,262.0	▲18.6

[注]直近値は2015年11月13日の終値。騰落率は始値に対する直近値の比率。(　)内は高値、および安値をつけた日の日付

ナンピン買いを前提として、「タテのポートフォリオ」をつくるのです。

例えば、B社株のケースでは、①1000円×100株→②900円×100株→③800円×100株→④700円×100株……というように、ひたすら逆張りで安値を拾っていきます。この結果できるのが、タテのポートフォリオです。最終的な利食いと損切りは、このポートフォリオの平均値をもとに行ないます。

3277

サンセイランディック

不動産の権利調整ビジネスが相続の複雑化で伸びる事業のニッチ性が評価され、堅調な動きが継続する

▼2015年12月期は史上最高益、大幅増配の見通し

権利関係が複雑な不動産を購入し、関係を調整したうえで再販するビジネスを手がけています。特に、借地権がついている底地(全国に120万件)の売買で実績を上げています。現在は〝相続(争続)時代〟を迎え、ややこしい不動産の処理依頼が増えているといいます。相続税強化も追い風となります。

業績は好調です。2015年12月期は、連結経常利益が後半に盛り返し、最終的に前期比9・1%増益の11億3900万円となる見込みです。これに続き、2016年12月期も史上最高決算となるでしょう。大幅増配を計画しています。このビジネスは新規参入が難しく、先行企業が強いのです。

売買単位►100株

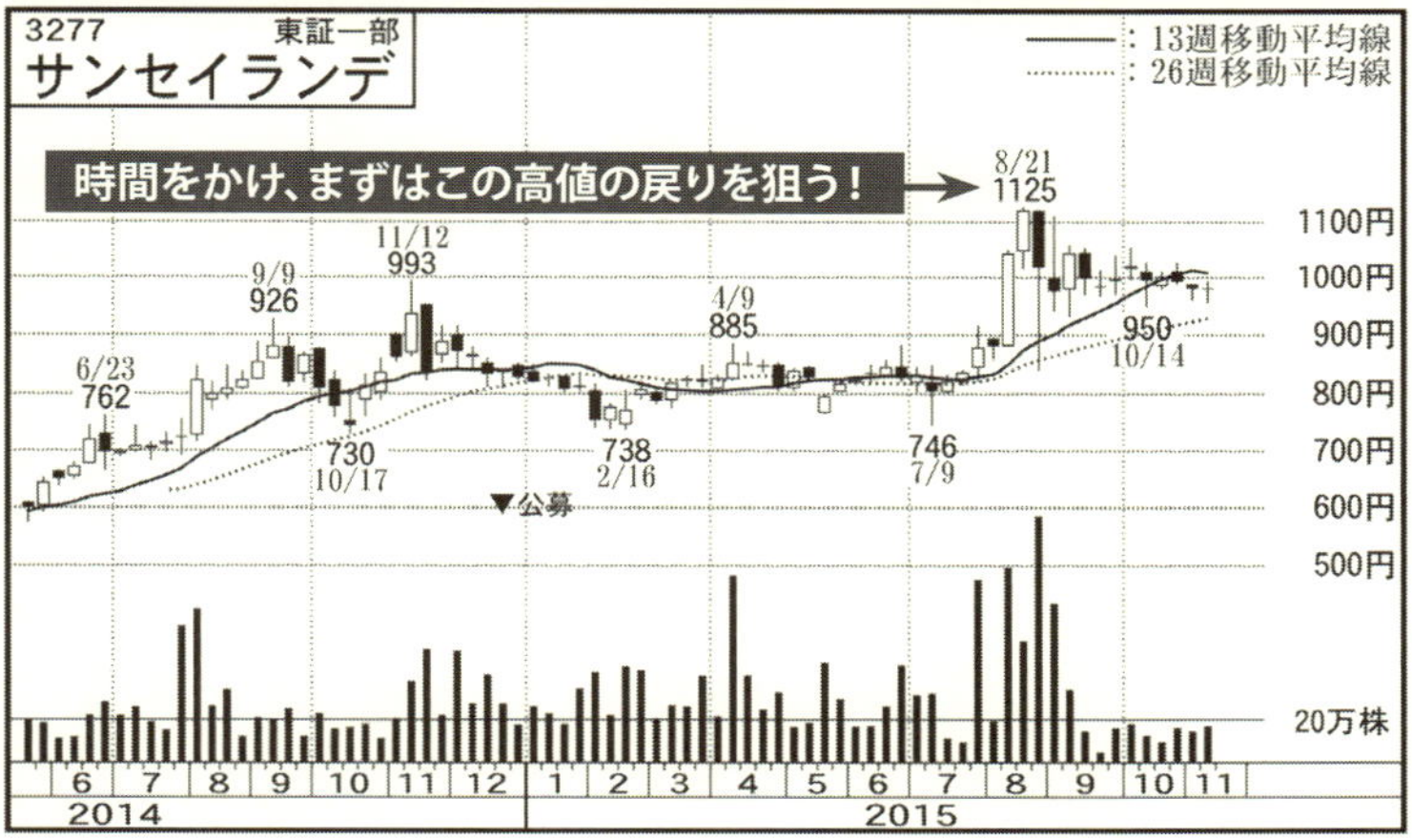

直近株価＝**980.0**円 ►►目標株価＝**1270.0**円

POINT

■底堅い動きに注目　2015年は年初の838円が2月16日に738円まで値下がりした（下落率11.9%）。しかし、ここを底に8月21日には1125円の高値をつけている。全般相場の余波を受けた8月下旬以降も安値を下回ることなく底堅い動きを続けており、2016年相場に期待が持てる。わけなく急落するときがあるが、そこが絶好の買い場となる。

《株価データ》

■配当利回り＝1.0%　■連結PER＝10.6倍
■連結ROE＝11.9%　■連結PBR＝1.4倍

3624

アクセルマーク

電通と共同で新しい広告サービスの提供を開始
業績は最悪期を脱出し、相場は様相一変の兆しを見せる

▼第3のスクリーンといわれる新サービスに期待

同社はソーシャルゲーム開発会社セプテーニ・ホールディングスの子会社です（発行株式数の54・9％を保有）。携帯広告、コンテンツ配信を行なっています。

このほど、スマートデバイス上での新たなブランド体制を実現する広告サービス「BRAND SCREEN」の提供を始めました。これは電通と共同で行なうもので、テレビ、パソコンに次ぐ第3のスクリーンといわれています。同社のビジネス拡大、飛躍のチャンスにつながるでしょう。

2015年9月期の連結最終利益は1億3000万円の赤字と足元の業績はさえませんが、最悪期は脱しつつあります。この種の銘柄はよくなり出すと一気に状況が変わります。

売買単位►100株

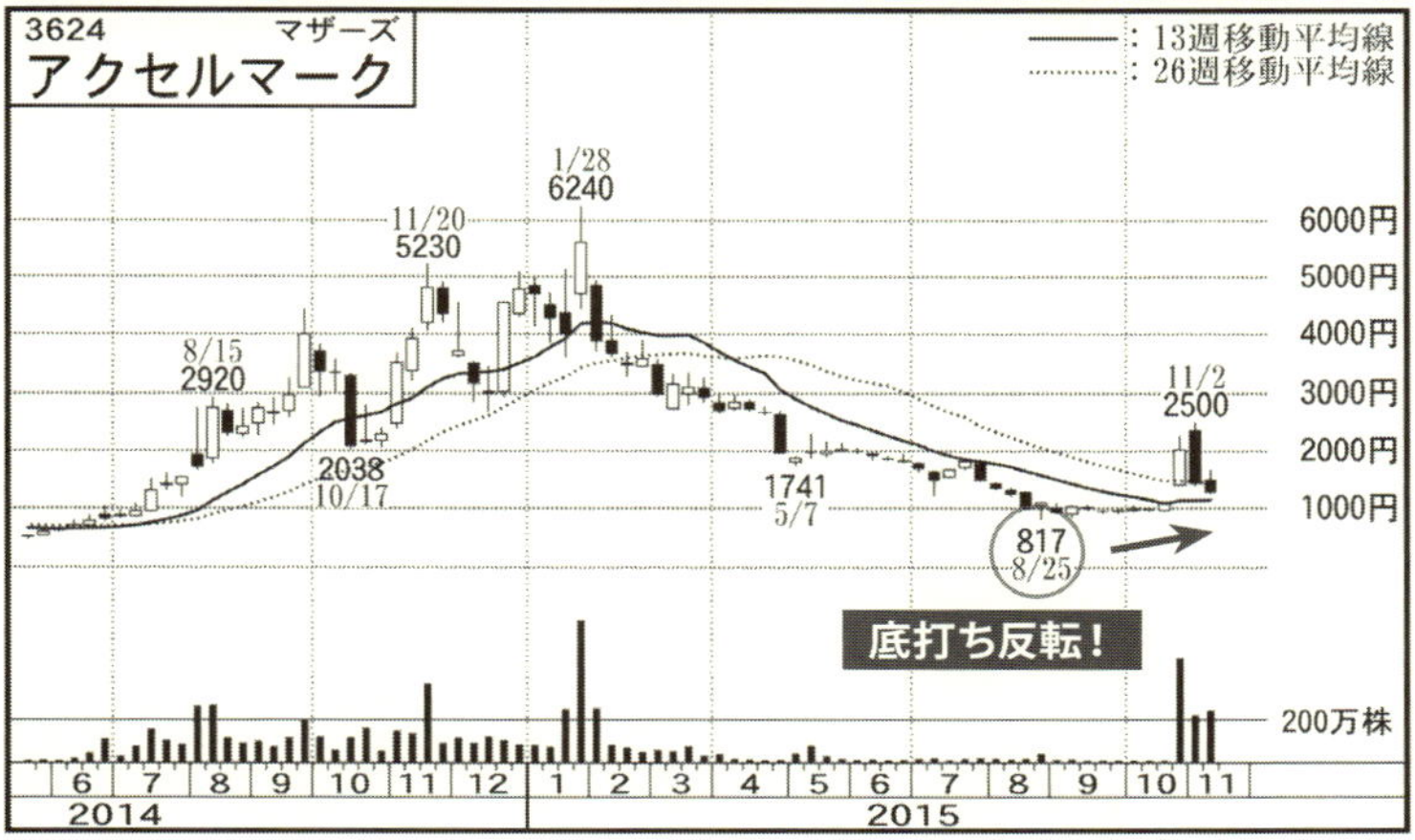

直近株価＝**1276.0**円 ►►目標株価＝**1660.0**円

POINT

■長期下降相場終了の公算大　2015年の株価は厳しい展開が続いた。年初の4850円が1月28日に6240円まで買われたものの（上昇率28.7%）、その後は一貫して下げトレンドとなった。8月25日には817円まで売られた。しかし、10月23日より様相一変。4営業日連続のストップ高を示現し、11月2日には2500円をつけている。

《株価データ》

■配当利回り＝0.0%　■連結PER＝——
■連結ROE＝1.3%　■連結PBR＝4.2倍

3724

ベリサーブ

東京大学と連携し、次世代の自動運転実走検証サービスを提供
株価は下値圏でのもみ合いを経て、一気に騰勢を高める

▼テーマ性に加え、業績も2ケタ増益へ

システム検証サービス大手であり、SCSK系の子会社（発行済み株式数の55・5％を保有）です。携帯、デジタル家電、ITS（高度道路交通システム＝自動運転）の先駆企業として注目されています。自動運転は次のステージに移行しており、同社はその本命的な存在です。

目下、東京大学と組み、次世代ITS実走行検証サービス「VSAS」を提供しています。自動運転が実現すれば利便性、安全性が向上し、自動車、周辺環境、システムが協調する世の中となります。業績は好調です。2016年3月期の連結最終利益は、4億2000万円と前期比21％増益が見込まれています。配当は12・5円を継続します。

売買単位►100株

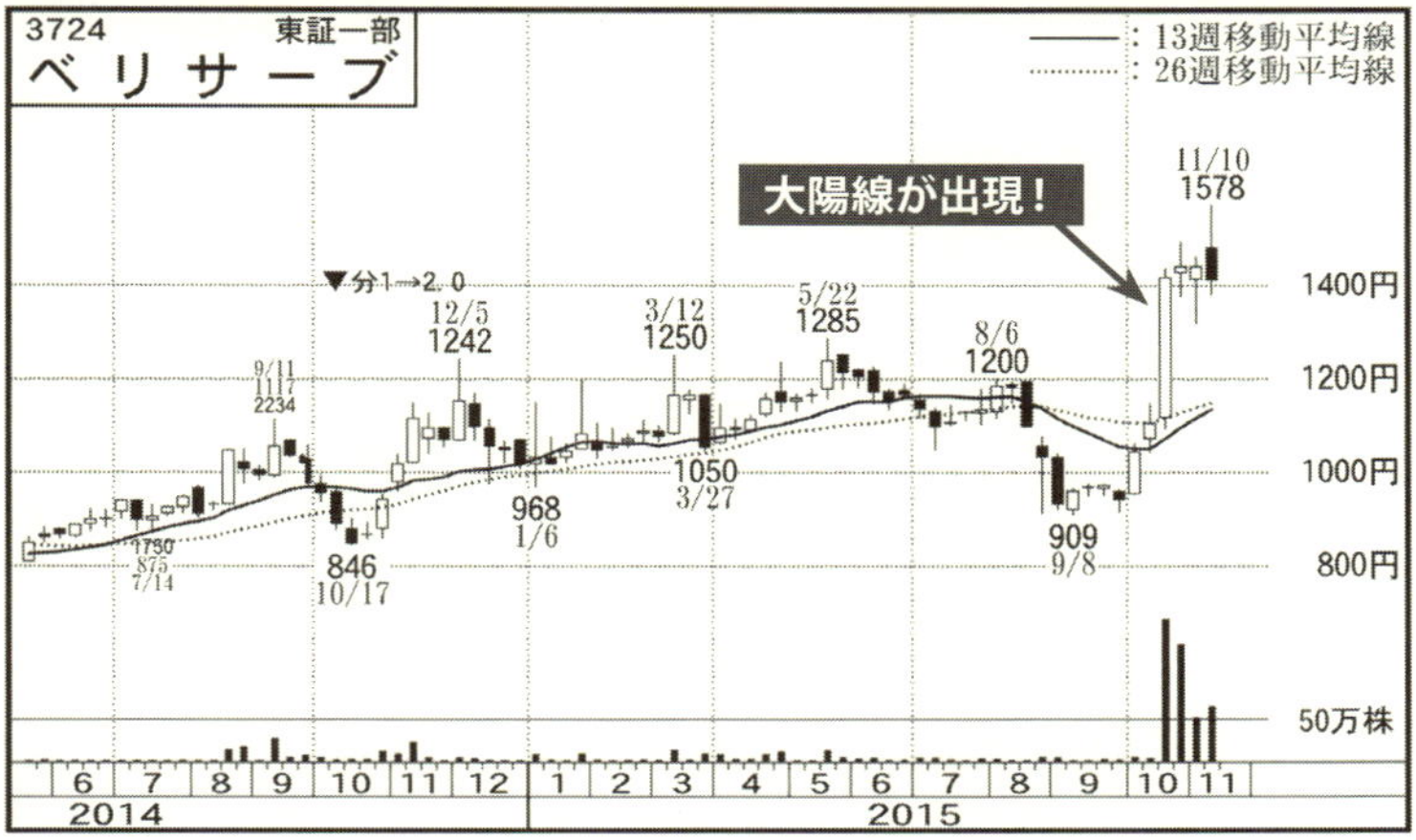

直近株価＝1412.0円 ►►目標株価＝1830.0円

POINT

■相場つき一変　この手の銘柄にしてはおとなしい動きを続けていたが、2015年の10月以降、様相が一変した。9月29日の914円で底打ち確認（年初来安値909円を割り込まず）、その後は切り返しに転じた。そして、あれよあれよという間に11月10日には1578円まで駆け上がっている。この動きは尋常ではないと思う。

《株価データ》

■配当利回り＝0.9%　■連結PER＝21.2倍
■連結ROE＝6.8%　■連結PBR＝1.4倍

6071

IBJ

婚活サイトが成婚カップル率の高さを背景に伸びる 2016年は〝結婚ブーム〟の予感、株価再騰劇が出現か

▼著名人の結婚ラッシュが強力な追い風に

婚活サイト「ブライダルネット」のほか、合コンサイト「Ｒｕｓｈ」を運営しています。各種婚活サービス（お見合いパーティ）の提供も行なっており、成婚カップル率の高さが「売り」です。

最近、著名人の結婚ラッシュが話題となっています。これに刺激され、「私も……」という若者が増えているようです。２０１６年は〝結婚ブーム〟を予感させます。

業績は好調です。２０１５年12月期の連結最終利益は、５億４４００万円と前期比34・7％増益が見込まれています。２０１２年12月期より大幅増配を続けています。これは高く評価できます。

売買単位►100株

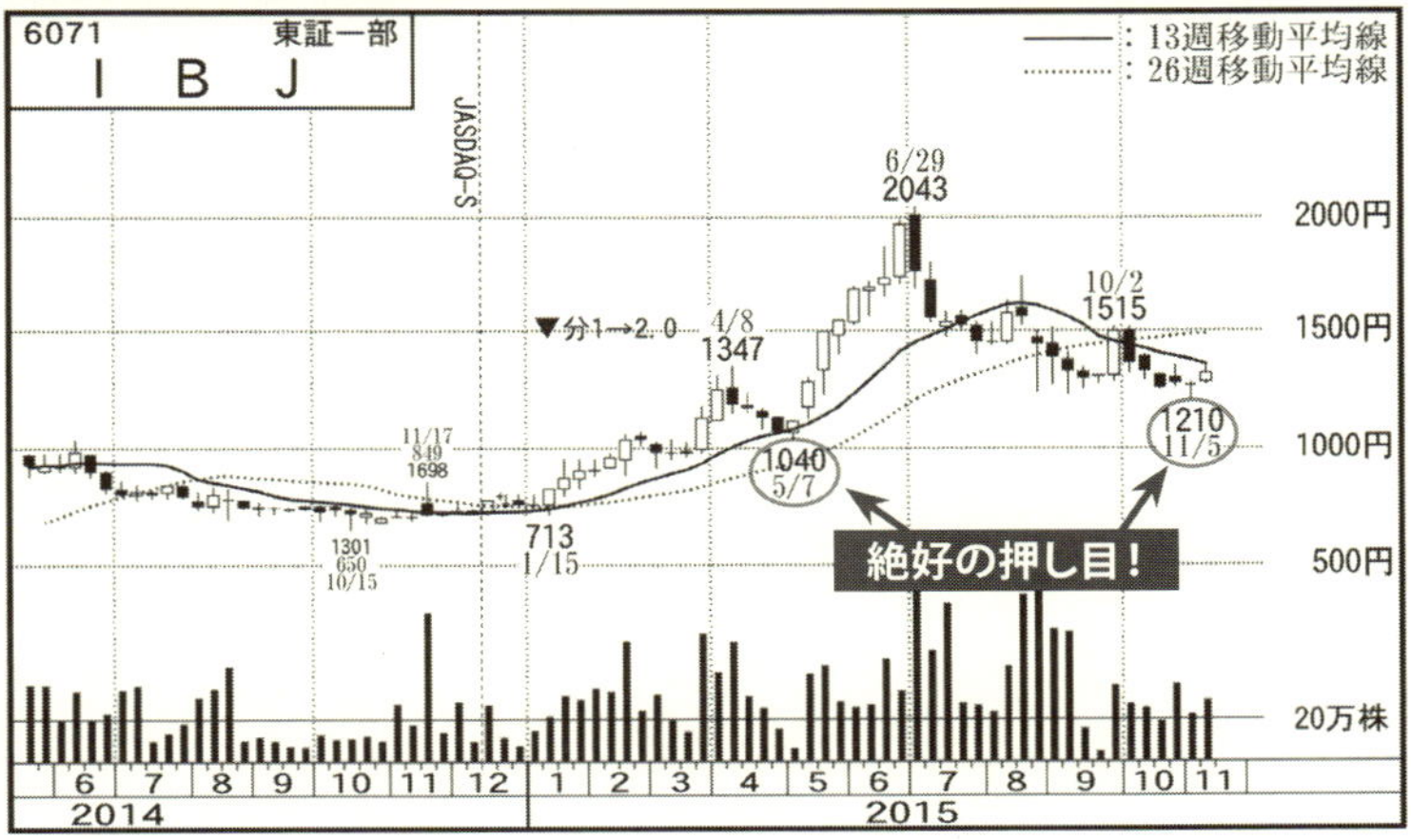

直近株価＝**1319.0**円 ►►目標株価＝**1700.0**円

POINT

■絶好の押し目を形成　好業績が評価され、2015年は年初の753円が6月29日に2043円まで駆け上がった。実に、半年で2.7倍になったことになる。ただ、その後は11月5日に1210円まで下げた。高値2043円と直近安値1210円の半値戻し水準は1636.5円であり、時間をかければこの水準を上回るのは難しくないだろう。

《株価データ》

■配当利回り＝2.1%　■連結PER＝23.2倍
■連結ROE＝20.9%　■連結PBR＝9.7倍

6092

エンバイオ・ホールディングス

主力の土壌汚染対策事業が環境意識の高まりで引き合い増える
急落後の急騰パターンを狙い、下値買い下がり作戦

▼中国の環境保護プロジェクトに参加

同社は土壌汚染対策事業を手がけています。土壌が汚染された土地を購入し、再生してから販売するビジネスです。クリーニング店、ガソリンスタンド、中小工場などの跡地が対象となります。海外では中国に進出しています。中国では土壌汚染対策に関する巨大プロジェクトが複数計画されており、同国の投資総額は15兆元（約285兆円）に達します。また、2014年より太陽光発電、売電事業にも進出しました。

地盤調査用機器などの拡販を計画しており、業績は大幅増収増益に転じています。宮城県での太陽光発電事業が寄与し、2016年3月期の連結経常利益は前期の4700万円が2億6000万円に増える見込みです。

売買単位►100株

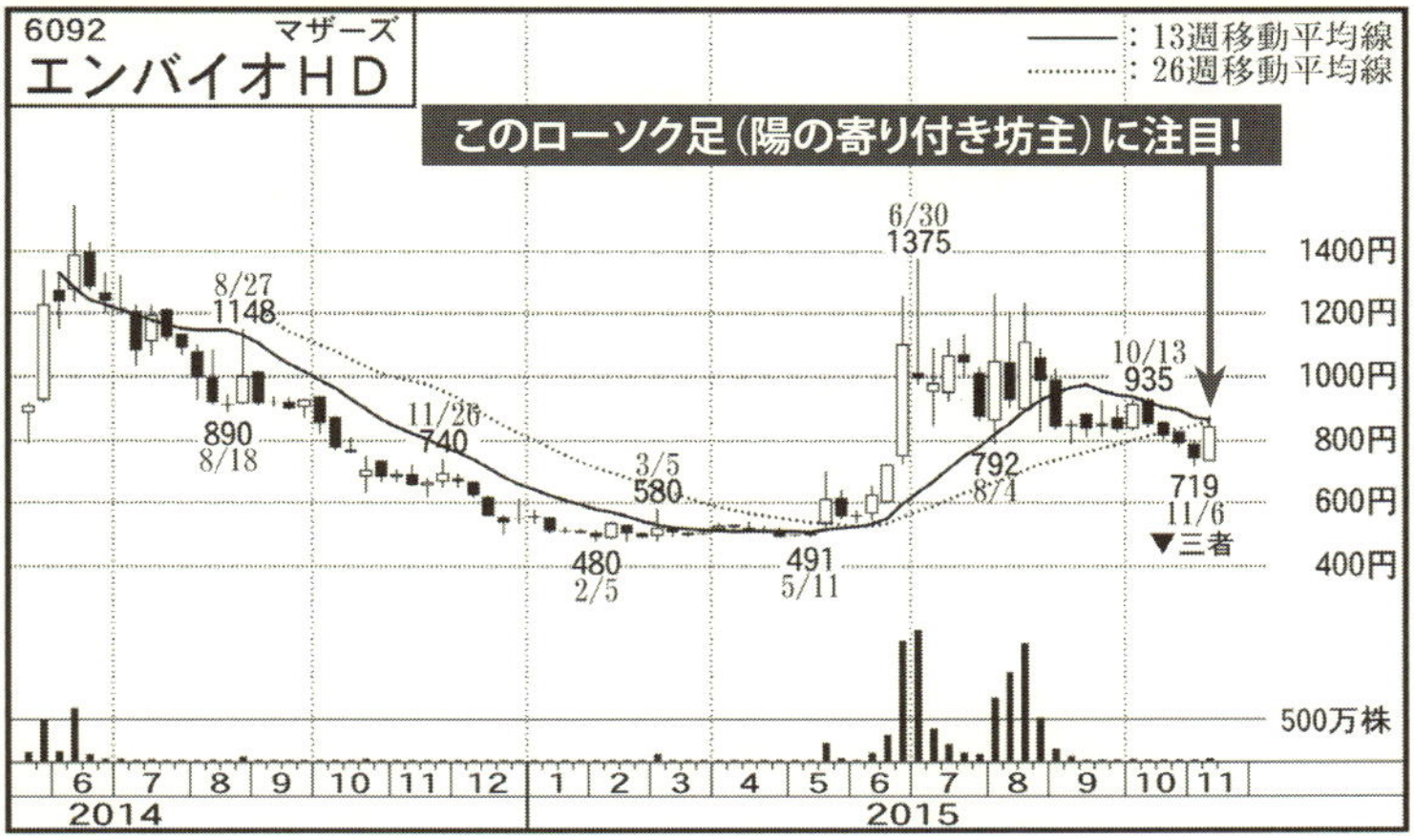

直近株価＝**845.0**円 ►►目標株価＝**1100.0**円

POINT

■急落後の急騰を狙う　2015年の株価は大きな動きを見せ、年初の558円が6月30日には1375円まで急騰（2.5倍化）した。その後は8月4日の792円（下落率42.4%）→8月7日の1262円（上昇率59.3%）→11月6日の719円（下落率43.0%）と乱高下を繰り返している。大きく売られたあと急騰するのがパターンである。

《株価データ》

■配当利回り＝0.0%　■連結PER＝20.8倍
■連結ROE＝0.8%　■連結PBR＝2.5倍

6619

ダブル・スコープ

２０１５年12月期の連結最終利益は前期比３・２倍
全般相場に逆行する動きは２０１６年も続くだろう

▼業績好調を受け、年5円の復配が濃厚

リチウムイオン電池用セパレーターの専業メーカーです。生産は韓国、販売はアメリカ、中国など海外が99％を占めています。主要納入先は韓国のＬＧ化学です。アメリカのＥＶ（電気自動車）メーカー、テスラモーターズにＬＧ化学がリチウム電池を納入する方針が決定しています。

業績は好調です。２０１５年12月期の連結最終利益は17億円と、前期の５億２８００万から３・２倍に急増する見通しです。１株利益は２０１５年12月期が99円（２０１４年12月期は37円）、２０１６年12月期は１０２円となる見込みです。２０１５年12月期は、年５円の復配に進むでしょう。夢を秘めた銘柄です。

売買単位►100株

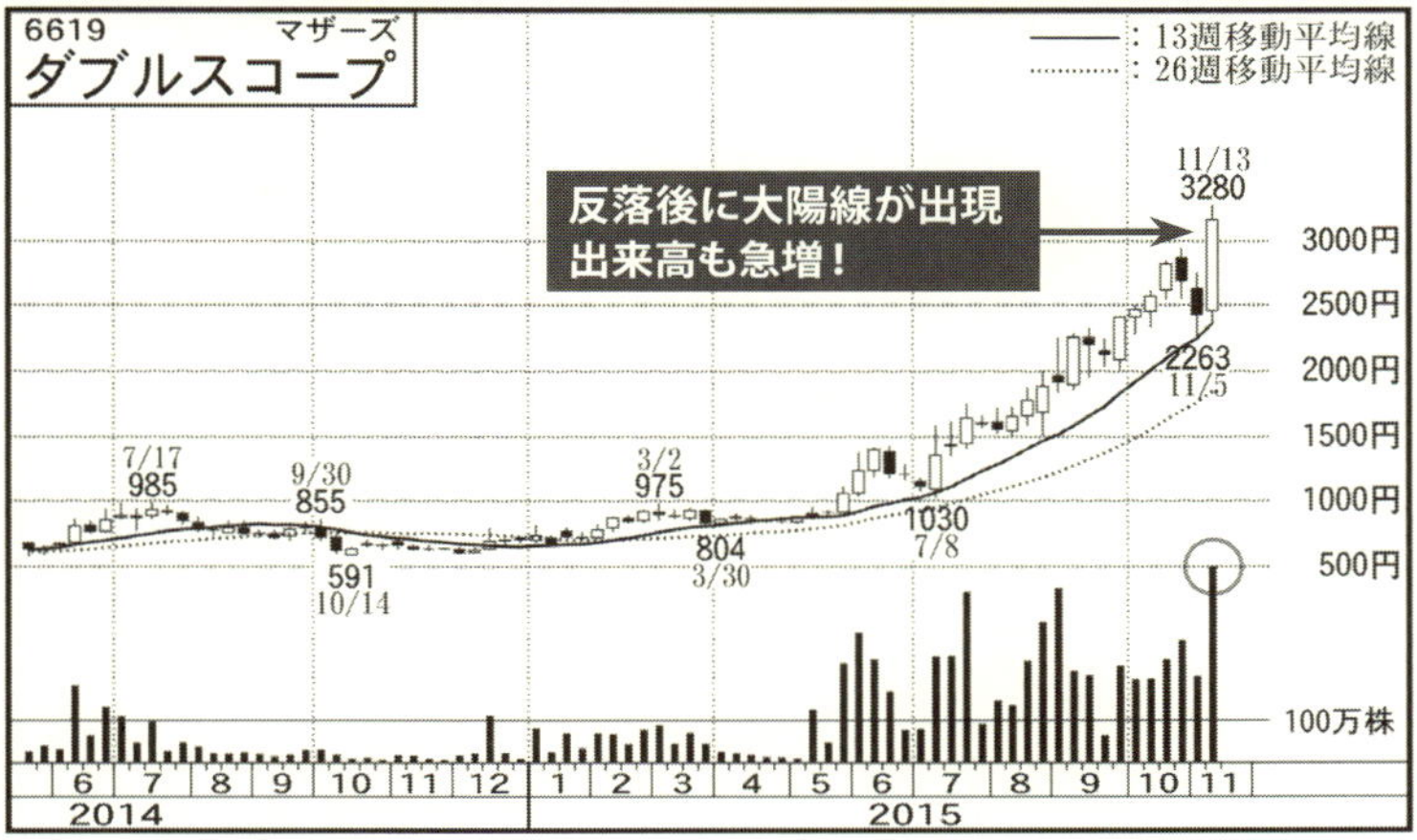

直近株価＝**3170.0**円 ►►目標株価＝**4100.0**円

POINT

■**逆行高の強さに注目**　2015年の大活躍銘柄であり、チャートは見事な右肩上がりのトレンドを形成している。2015年の8～9月にかけ、優良株であってもそのほとんどは値を崩した。しかし、特筆すべきことに、この銘柄はまったく関係のない動きを見せた。これは典型的な逆行高銘柄であり、上昇トレンドは2016年も継続されるだろう。

《株価データ》

■配当利回り＝0.3%　■連結PER＝18.5倍
■連結ROE＝4.7%　■連結PBR＝3.9倍

6945

富士通フロンテック

共同開発した世界初のグローバル決済スキームは画期的
業績面の不安少なく、ボックス相場下での下値買いに妙味

富士通のグループ会社で、親会社の富士通が発行済み株式数の53・1%を保有しています。ATM、POSなど金融・流通端末が主力です。JCB、富士通と共同開発した、手のひら静脈認証技術を使った世界初のグローバル決済スキームは画期的です。これは評価できます。

▼2016年3月期の利益は上ブレの可能性も

ATMでは、外国カードの使用が可能な機器の導入が相次いでおり、この特需を享受しています。2016年3月期の連結経常利益は50億円の予想（前期比3・7%の微増益）ですが、上ブレの可能性を秘めています。2017年3月期とともに、史上最高決算となるでしょう。

売買単位►100株

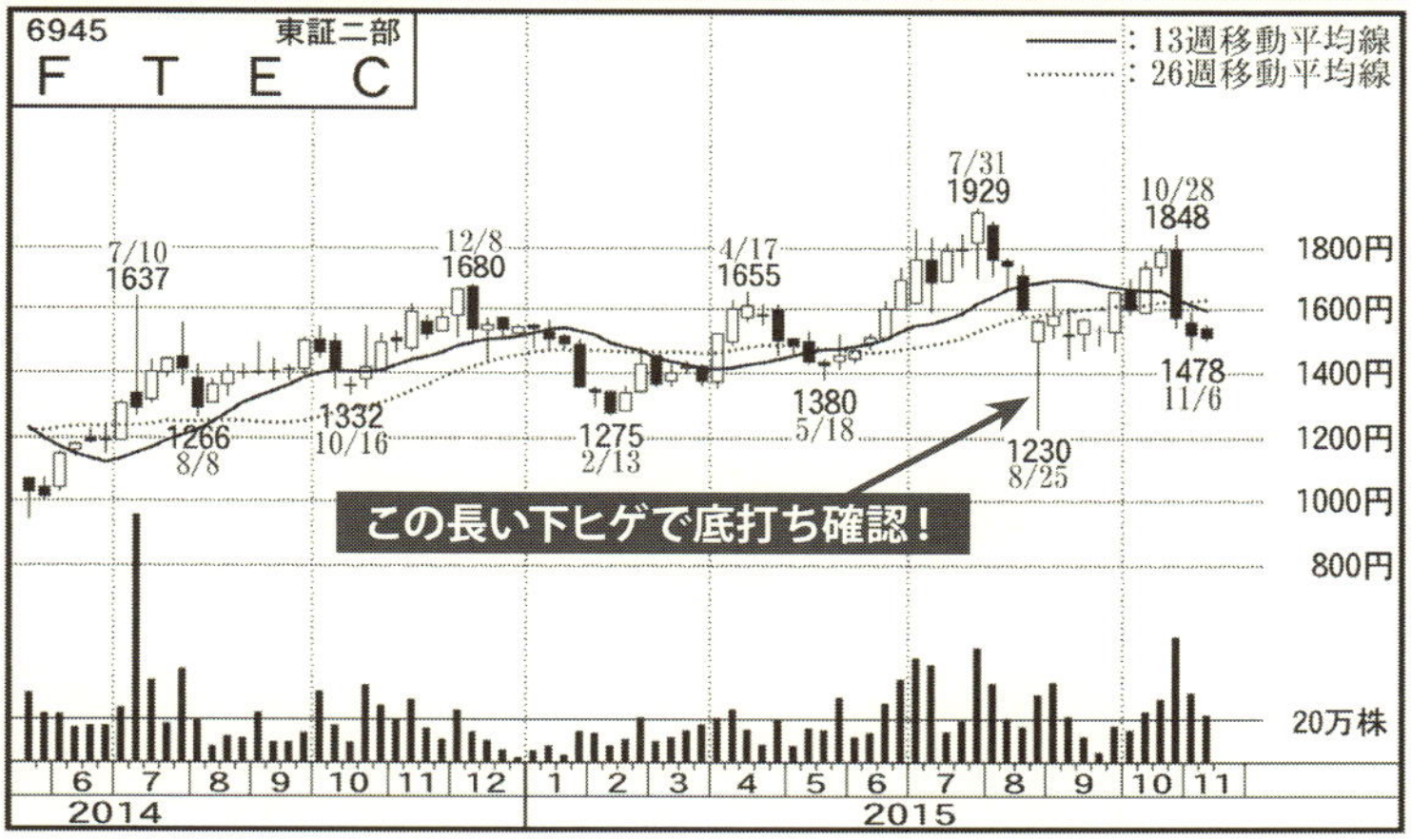

直近株価＝**1511.0**円 ►►目標株価＝**1950.0**円

POINT

■指標面での割安顕著　2015年は、ほぼボックス圏での上げ下げとなった。年初の1550円に対し、高値は7月31日の1929円（上昇率24.4%）、安値は1230円（下落率20.6%）、直近株価は1500円前後とほぼ同値である。派手さはないが、それだけ堅実といえる。直近ベースのPERが9.7倍、PBRが0.9倍と指標面での割安さが残る。

《株価データ》

■配当利回り＝1.2%	■連結PER＝9.7倍
■連結ROE＝7.3%	■連結PBR＝0.9倍

7774

ジャパン・ティッシュ・エンジニアリング

親会社富士フイルムの後押しを受ける再生医療ベンチャー
バイオセクターの刺激材料もあり、株価は意外高の可能性秘める

▼赤字続くが2016年3月期は大幅増収の見通し

再生医療ベンチャーの有力企業です。自家培養表皮「ジェイス」、自家培養軟骨「ジャック」などを開発しています。筆頭株主は富士フイルムです。発行済み株式数の46・0％を保有しています。

バイオ関連セクターは赤字先行の企業が多いのが特徴です。それだけに、親会社の信用力は大きくモノをいいます。2016年春には、サムソン・バイオエピスがナスダックに上場する予定です。これが日本のバイオセクターを刺激するでしょう。

業績は赤字継続中ですが、2016年3月期の売上高は17億5000万円と、前期比32％超の増収を見込んでいます。

売買単位►100株

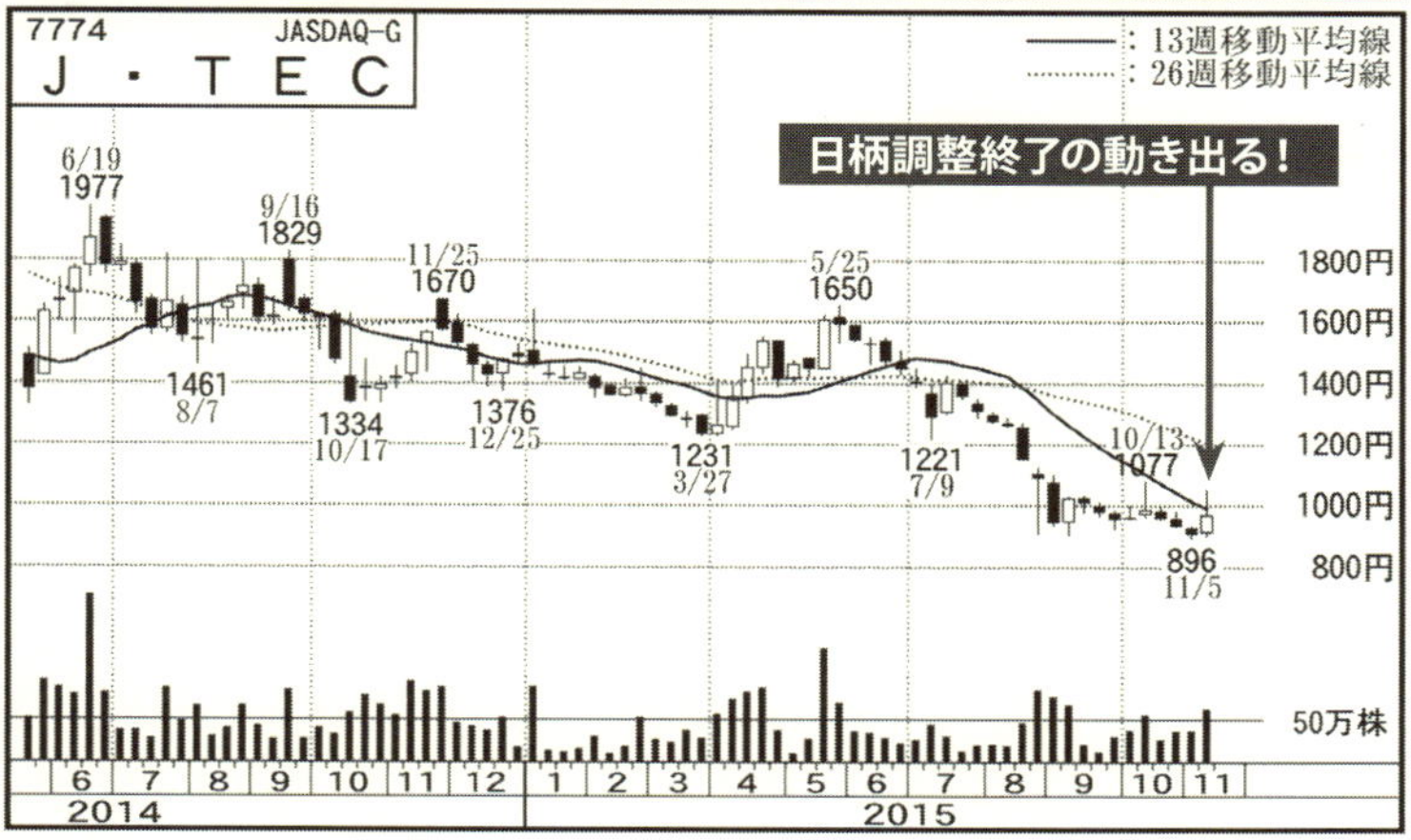

直近株価＝**971.0**円 ►►目標株価＝**1260.0**円

POINT

■底打ち→反転の予兆　下げ続けた株価に、ようやく底入れ感が漂ってきた。2015年は年初の1507円が5月25日に1650円まで買われたものの（上昇率9.5%）、その後はひたすら下げ続けた。11月5日には896円と年初来安値を更新している（年初からの下落率40.5%）。だが、2013年5月には4435円の高値がある。

《株価データ》

■配当利回り＝0.0%　■連結PER＝――
■連結ROE＝▲13.8%　■連結PBR＝4.9倍

8769

アドバンテッジリスクマネジメント

ストレスチェックの義務化がメンタルヘルス事業を後押し
株価は逆行高の動きを見せ、急騰後の押し目を形成中

▼全国70拠点の専門医療機関・医師と提携

メンタルヘルスのトップ企業（業種は保険業）です。メンタリティマネジメント、就業障害者支援（団体長期障害補償保険の販売、復職支援など）を手がけています。２０１５年には、ストレスチェックが義務づけられました。同社は、この分野では大きく先行しています。

すでに、全国45都道府県70拠点のメンタル専門医療機関・医師と提携しています。これまでに５５０社以上、約１００万人のメンタルヘルス支援を実施した実績があります。

業績は好調です。連結最終利益は２０１５年3月期が1億５８００万円、２０１６年３月期が1億９０００万円（前期比20％増益）となる見通しです。

売買単位▶100株

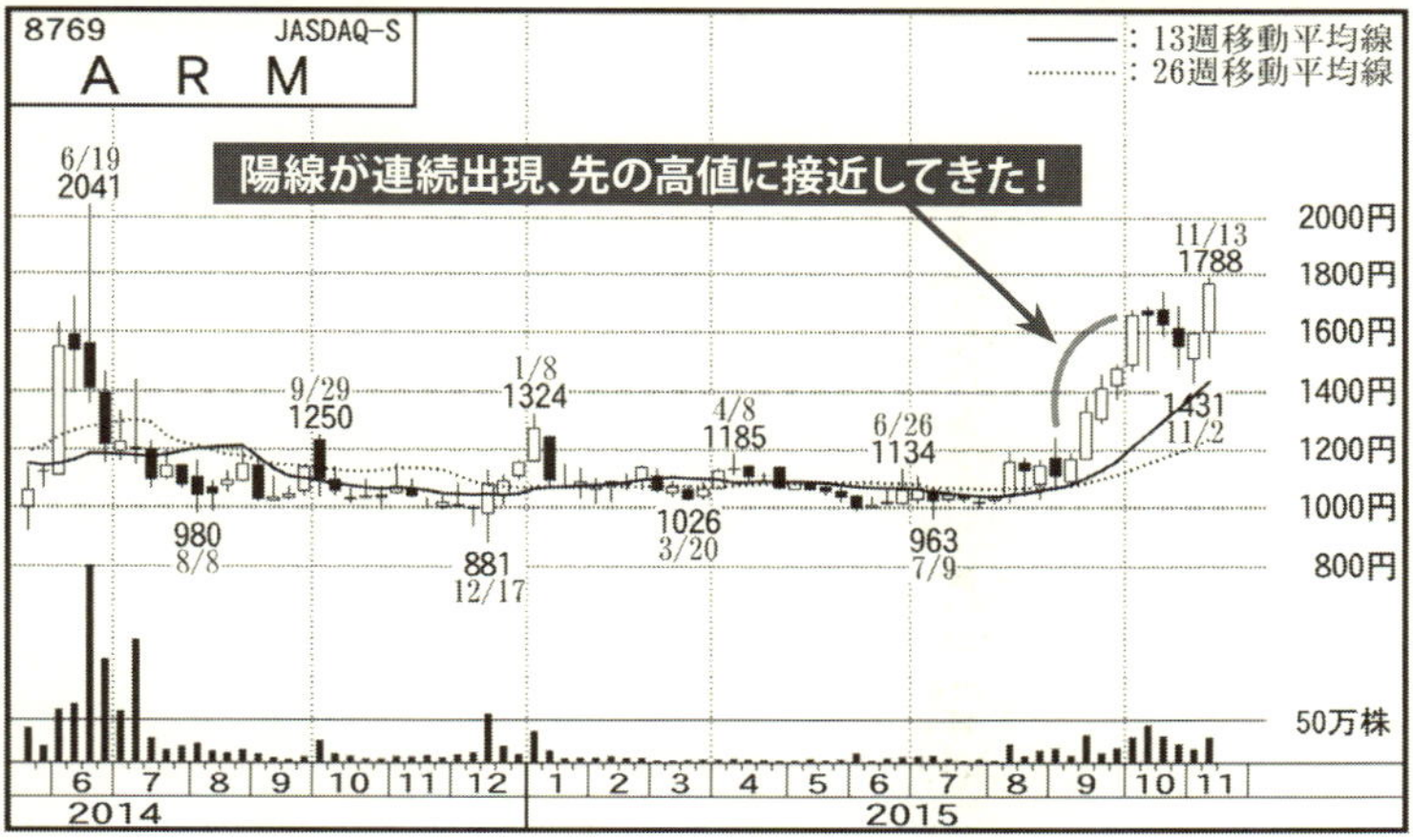

直近株価＝**1768.0**円 ▶▶目標株価＝**2300.0**円

POINT

■押し目買い方針を　株価はきわめて順調な動きを示している。2015年の始値1160円が1月8日に1324円まで短期急騰（上昇率14.1%）、その後、7月9日に963円まで下げた（下落率27.3%）。だが、そこを起点に11月13日には1788円まで上値を切り上げる力強い動きを見せた。全般相場に逆行する動きである。押し目を買う姿勢が有効だろう。

《株価データ》

■配当利回り＝0.3%　■連結PER＝95.5倍
■連結ROE＝9.8%　■連結PBR＝9.5倍

9517

イーレックス

電力小売り事業の全面自由化でビジネスチャンス拡大
業績は大幅増収増益続き、2016年の大活躍株候補に名乗り

▼自社電源のバイオマス発電所も保有

2016年4月に電力小売り事業が全面自由化されます。すでに、経済産業省から第一弾の参入企業（40社）が発表されていますが、同社はそのなかに入っています。そう、このセクターの本命的な存在といってもいいでしょう。

同社のビジネス（売上構成比）は電力小売りが66%、電力卸売りが34%となっています。外部電源に加え、高知に自社電源のバイオマス発電所を保有しています。

業績は堅調に推移しています。2016年3月期は、売上高が前期比41%増収の240億円、連結経常利益が24%増益の14億円強となる見通しです。20円配当を継続しています。

売買単位▶100株

直近株価＝1262.0円 ▶▶目標株価＝1660.0円

POINT

■安値更新後に切り返す　2014年12月22日、東証マザーズに新規上場したニューフェース。初値1301円に対し、翌営業日の12月24日に1738円まで買われた（上昇率33.6%）。ただ、現状ではこれが上場来高値となっている。2015年の8月25日に777円まで売られ、年初来安値を更新したが、ここを起点とした切り返しは注目に値する。

《株価データ》

■配当利回り＝1.6%	■連結PER＝17.9倍
■連結ROE＝8.9%	■連結PBR＝1.7倍

COLUMN

コラム……10

期待できるぞ、「黒田バズーカ第3弾！」

黒田《くろだ》東彦《はるひこ》日銀総裁は、2013年4月4日に異次元の金融緩和に踏み切りました。そして、2014年10月31日には「オクトーバー・サプライズ」と称される追加の金融緩和を断行しました。この結果、マネタリーベース（日本銀行が供給する通貨）の残高は135兆円→355兆円（2015年末）と激増します。

年間80兆円ペースの国債買い入れは、2016年以降も継続されます。それに、現在3兆円のETF（上場投資信託）の買い入れ枠、同じく9,000億円の買い入れ枠を持つREIT（不動産投資信託）は、大幅に増額されるでしょう。すなわち、「黒田バズーカ第3弾！」です。

先述したとおり、政府は「新3本の矢」の1本目において「希望を生み出す強い経済」を政策目標に掲げ、「2020年頃に名目GDPを600兆円とする」ことを目指しています。この目標を達成するためには、日銀の協力が不可欠です。

有力調査機関によると、名目ＧＤＰを600兆円にするためには、マネタリーベースの残高を2018年には700兆円、2020年には1,000兆円にする必要がある、といいます。まさに、「エッ？」というような金額ですが、その可否はともかく超金融緩和が継続するのは間違いありません。

オリックス（8591）、日立キャピタル（8586）、三菱UFJフィナンシャル・グループ（8306）、みずほフィナンシャルグループ（8411）などは、その恩恵を受けます。

巻末資料

書き込み式！　2016年の主な予定＆注目イベント

ここでは、2016年の株式市場に影響を与えそうな会議、イベントなどを年表形式でまとめてみました。予定表の下の「メモ欄」には、実際に起きた出来事、頭に入れておきたいこと（相場のポイント）などを自由に書き入れてください。1年の流れをつかむことができるはずです。

（注）

199ページ以降の予定表に掲載した月日は、2015年11月20日時点で調べたものです。一部、推測も含まれています。

実際の月日とは異なる場合も予想されますので、その点、ご了承ください。

◉2016年は夏の参議院選挙、11月のアメリカ大統領選挙で波乱も

2016年のスケジュールでは、まずFRB（米連邦準備制度理事会）の金融政策（アメリカの利上げのスピード、幅）がポイントになります。ECB（欧州中央銀行）、日銀は金融緩和政策を継続するでしょう。FOMC（米連邦公開市場委員会）、ECB理事会、日銀金融政策決定会合の予定は、しっかり押さえておかねばなりません。

次ページ以下に、これらの開催予定日を掲載しましたので参考にしてください。このほか、株式市場に影響を与えるものにいくつかの経済指標があります。主なものに、アメリカの雇用統計、3カ月ごとのGDP（国内総生産）などがあります。特に、アメリカの雇用統計は日本時間の第1金曜日の夜に発表されることが多く、週明けの月曜日（同日が祝日の場合は火曜日）に急騰急落することがありますので注意が必要です。

国内の政治では、参議院選挙が大きなポイントです。自民党、公明党の与党はこれに勝利するために、ありとあらゆる施策を打ち出してくるでしょう。これは株式市場にとって、マイナス材料ではありません。ただし、与党が敗北するようだと、7月以降の波乱は避けられません。

アメリカでは11月に大統領選挙が控えています。ポスト・オバマが誰になるのか、これが世界の政治、経済に重大な影響を与えます。民主党の候補として優勢が伝えられるヒラリー・クリントン氏は、世論調査の支持率が54・7％と、対抗馬のバーニー・サンダース氏に20ポイント以上の差をつけています。なお、ヒラリー・クリントン氏はTPPに反対の立場です。

月	1月	2月	3月
主な予定	4日(月)　大発会 8日(金)　SQ(特別清算指数)算出日 20日(水)　ダボス会議↓23日(土)まで 21日(木)　ECB理事会 26日(火)　FOMC↓27日(水)まで 28日(木)　日銀金融政策決定会合↓29日(金)まで	8日(月)　中国の春節(旧正月)入り↓13日(土)まで 12日(金)　SQ算出日 15日(月)　第4四半期GDP速報(1次) 17日(水)　ECB理事会	10日(木)　ECB理事会 11日(金)　メジャーSQ算出日 東日本大震災発生から5年 14日(月)　日銀金融政策決定会合↓15日(火)まで 15日(火)　FOMC↓16日(水)まで 26日(土)　北海道新幹線開業(新青森駅～新函館駅)
メモ欄			

月	主な予定	メモ欄
4月	1日（金）電力完全自由化（電気事業法の改正） 8日（金）ＳＱ算出日 17日（日）ＩＭＦ（国際通貨基金）・世界銀行総会 21日（木）ＥＣＢ理事会 26日（火）ＦＯＭＣ→27日（水）まで 27日（水）日銀金融政策決定会合→28日（木）まで	
5月	13日（金）ＳＱ算出日 26日（木）伊勢志摩サミット開催 ［三重県伊勢志摩で主要国首脳会議（Ｇ８）が行なわれる→27日（金）まで］	
6月	2日（木）ＥＣＢ理事会 6日（月）イスラム圏がラマダン（断食月）入り 10日（金）メジャーＳＱ算出日 14日（火）ＦＯＭＣ→15日（水）まで 15日（水）日銀金融政策決定会合→16日（木）まで 19日（日）「18歳選挙権」（改正公選法）が施行	

月	主な予定	メモ欄
7月	7日(木)　イスラム圏のラマダン終了 8日(金)　ＳＱ算出日 10日(日)　参議院選挙(２０１５年11月26日時点での推測) 21日(木)　ＥＣＢ理事会 25日(月)　第22回参議院通常選挙で選ばれた議員の任期が満了 26日(火)　ＦＯＭＣ→27日(水)まで 28日(木)　日銀金融政策決定会合→29日(金)まで	
8月	5日(金)　リオデジャネイロ・オリンピックがブラジルで開催→21日(日)まで 11日(木)　国民の祝日に関する法律により、２０１６年からこの日が新たな祝日「山の日」に 12日(金)　ＳＱ算出日 15日(月)　終戦記念日(戦後71年目に)	
9月	8日(木)　ＥＣＢ理事会 9日(金)　メジャーＳＱ算出日 11日(日)　アメリカ同時多発テロから15年 20日(火)　ＦＯＭＣ→21日(水) 日銀金融政策決定会合→21日(水)まで	

月	主な予定	メモ欄
10月	1日（土）　足利ホールディングスと常陽銀行が経営統合 中国の国慶節（建国記念日に伴う連休）→7日（金）まで 9日（日）　ＩＭＦ・世界銀行総会 14日（金）　ＳＱ算出日	
11月	1日（火）　ＦＯＭＣ→2日（水）まで 8日（火）　アメリカ大統領選挙・上下院議員選挙 11日（金）　ＳＱ算出日	
12月	9日（金）　メジャーＳＱ算出日 13日（火）　ＦＯＭＣ→14日（水）まで 30日（金）　大納会	

◎あとがき

政治の安定は株高の基本です。古来、「政治は経済を超える！」といわれています。日本再生相場はいよいよ4年目に突入します。２０１６〜２０１７年は申酉騒ぐ明るい相場展開になりそうです。

安倍政権はアベノミクス（「３本の矢」＆「新３本の矢」）によって、日本再生↓失われた25年の克服、黒田日銀総裁は異次元の金融緩和を断行、デフレ脱却（円高阻止＆インフレ目標２％）を目指しています。それは〝道半ば〟とはいえ、トレンド的にはほぼ達成されつつあるようです。

反面、世間ではマスコミを中心に「アベノミクスは失敗」などという向きが増えています。しかし、日銀幹部を含め、「デフレ、円高で何が悪い」と叫んでいた連中の存在が失われた25年の元凶だったと思います。

デフレ、円高が続けば企業は国を捨てます。海外シフトを加速化させます。輸出比率の低下（日本17％、ドイツ46％）が好例ではありませんか。いわゆる、産業の空洞化です。これは国内の雇用と購買力を奪うのです。誰だって分かる話ではありませんか。

実は、NY市場もNYダウが1982年8月12日には776ドルの安値をつけるなど、低迷していた時期がありました。「株は死んだ。ウォール街が二度と活気を取り戻すことはない」といわれました。有名な〝株式の死〟(1979年にニューヨークタイムズが唱えた)論争が起きました。このとき証券大手のメリルリンチは、「株式市場を守れ」のキャンペーンを展開したのです。

そこに登場したのがレーガン大統領(1981年1月就任)です。彼は「偉大なアメリカの再構築」戦略(レーガノミクス)を推進しました。ところが、多くのエコノミスト、経済学者の見方は批判的でした。連名で新聞に批判広告を出したケースもあったほどです。

しかし、結果は明白ではありませんか。直近のNYダウの高値は、1万8312ドル(2015年5月19日終値)です。1981年当時に対し、何と24倍になっています。

ちなみに、レーガノミクスはディレギュレーション(規制緩和)の推進など〝5つの潮流〟に加え、3つの改革(年金、医療、税制)によって企業の負担を軽減しようとしたものです。サプライサイド(企業活性化)の改革と呼ばれました。高度な資本主義国家で経済活動の根幹を成すのは企業です。

アベノミクスの評価についても同様でしょう。日経平均株価の急騰(2万円大台乗せ)、円安進行(かつての1ドル=75~80円時代は遠い昔の話)が、その効果を証明しています。

少なくとも、投資家は安倍政権を信じるべきでしょう。かつてのウォール街がレーガン大統領を一貫して支援したように……。

日経平均株価はいずれ3万円の大台を奪回、為替は1ドル＝125～130円になるでしょう。この大きなトレンドを見失ってはいけません。ただ、「相場は一寸先が闇」であり、突発的な要因で起きる短期波乱は常に想定しておかねばなりません。

肝心なことは、目先の値動きに一喜一憂しないことです。大勢（大きなトレンド）を見失わなければ、短期波乱で急落した場面は絶好の〝仕込み場〟となります。2015年の8～9月の局面が、まさにそうだったではありませんか。

何しろ、平成に入って18人の首相が誕生、「首相の任期は1年」といわれたのです。それが衆参ねじれ現象が終えん、政治がようやく安定を取り戻しました。これを評価する〝猛反騰相場〟が始まっているのです。2016年はその猛反騰相場の5～6合目あたりに位置する、と考えて間違いないでしょう。

さて、これは筆者の持論ですが、相場は一本調子に上昇することはありません。ときに、大きな調整、ないしは小さな押しに見舞われます。その局面においてどうするか、その行動が大切なのです。

それと竹は節があるからこそ強風に耐えられるように、相場は値固めを繰り返し上昇するのが理想です。あまりに短期的に急騰すると、小型株の場合には信用規制がかかります。これは避けねばなりません。急騰したケースでは移動平均線とのカイ離率、ストップ高の回数などをチェックしたうえで、利食い優先の姿勢が求められます。

また、２０１６年相場では本文で記した以外のリスクとして自然災害（地震・水害等）、テロなどが考えられます。２０１５年11月13日、魔の金曜日に起きたフランスの同時多発テロでは、翌週明け16日の日経平均株価が一時、前日比３４４円安の１万９２５２円まで下落しました。しかし、自然災害、テロは予測が困難です。

この場合は「事後対応」が重要です。起こったあとにどうするか、トラブルの大小にもよりますが、パニックになって「ろうばい売り」することは避けるべきです。ただし、信用取引（買い）の場合はすみやかに決済しなければなりません。

いかなる局面においても、「波乱はチャンス！」になります。危機はかならず克服される――。この歴史の教訓を信じ、２０１６年の株式投資に臨もうではありませんか。

最後になりましたが、読者の皆様にとって２０１６年が素晴らしい年になりますことを祈念し、筆をおきます。

２０１５年12月　　　　杉村　富生

【著者】

杉村富生　（すぎむら・とみお）

経済評論家。大正大学客員教授。

1949年、熊本県に生まれる。明治大学法学部卒業。

軽妙な語り口と分かりやすい経済・市場分析、鋭い株価分析に定評がある。

個人投資家の応援団長として、常に「個人投資家サイドに立つ」ことをモットーに精力的な活動を続けており、証券界における銘柄発掘の第一人者といわれている。

ラジオNIKKEI「ザ・マネー」（毎週水曜日午後3時10分より）などにレギュラー出演中。『杉村富生の株の教科書 あなたも株長者になれる39の秘訣』『杉村富生の株の教科書II 株長者が絶対にハズさない「売り」「買い」サインはこれだ！』（ともにビジネス社）、『これから10年 株で「1億」つくる！』（すばる舎）など著書多数。

株式講演会でも抜群の人気を誇り、ほぼ毎週、全国を飛び回っている。


さらっと短期売り抜け株、がっちり長期保有株の見抜き方

2015年12月17日　第1刷発行

著　者　杉村富生
発行者　唐津　隆
発行所　株式会社ビジネス社
〒162－0805　東京都新宿区矢来町114番地　神楽坂高橋ビル5F
電話　03－5227－1602　FAX 03－5227－1603
URL　http://www.business-sha.co.jp/

〈印刷・製本〉モリモト印刷株式会社
〈編集担当〉大森勇輝　〈営業担当〉山口健志

ISBN978-4-8284-1861-2